Töpfern

Weihnachtliche Gestaltungsideen

Angelika Massenkeil

Töpfern

Weihnachtliche Gestaltungsideen

Die Deutsche Bibliothek – CIP-Einheitsaufnahme
Töpfern - weihnachtliche Gestaltungsideen / Angelika Massenkeil. - Wiesbaden : Englisch, 2002
ISBN 3-8241-1183-7

ISBN 3-8241-1183-7

Fotos: Frank Schuppelius
Herstellung: Michael Feuerer
Printed in Spain

Inhaltsverzeichnis

Vorwort

In keiner anderen Jahreszeit werden die Wohnungen und Hauseingänge so festlich oder auch originell geschmückt wie in der Winterzeit. Denn das Fest aller Feste steht bevor. Was liegt da für uns Freizeittöpfer näher, als uns einen Hubel Ton zu besorgen und unserer Kreativität freien Lauf zu lassen. Hat man den Sommer über Ideen und Anregungen für neue Formen in der Natur, im Urlaub oder bei einem Stadtbummel gesammelt, so werden schon bald die ersten Werke im Trockenregal liegen.

Für Anfänger und auch für Fortgeschrittene stellen wir Ihnen unsere weihnachtlichen Keramiken vor, die bestimmt auch zum Nachmachen anregen. Nach verschiedenen Techniken gegliedert und mit dem jeweiligen Schwierigkeitsgrad durch Sternchen gekennzeichnet, finden Sie eine Fülle von Vorschlägen. Vielleicht sitzt der Elch im blau-weißen Norwegermuster ja bald auf Ihrer Fensterbank oder Sie bieten Ihren Gästen selbstgebackene Plätzchen in der Adventszeit in einer selbstgeformten Keksdose in Walnussform an. Auch die „tönernen" Adventskränze laden zum Nacharbeiten ein – sie sind praktisch und unverwüstlich, und einer der vorgestellten Kränze macht sich nach dem Fest ganz klein! Fangen Sie rechtzeitig an zu töpfern – denn Sie wissen ja, das geformte Werk muss langsam trocknen und anschließend noch zweimal gebrannt werden – dies alles braucht seine Zeit!

Gutes Gelingen wünscht Ihnen

Angelika Massenkeil

Einführung

Ton ist ein natürlich vorkommendes Material, das aus Urgestein im Laufe von Millionen von Jahren durch die zerstörerischen Kräfte von Temperaturschwankungen, Wasser, Wind, Sauerstoff, usw. zertrümmert und immer wieder umgelagert worden ist. Die Zerstörung des Gesteins in immer kleinere Steinchen wird Verwitterung genannt. Diese kleinen Steinchen werden im Laufe von Tausenden von Jahren mit anderen Verwitterungsprodukten vom Wasser fortgeschwemmt, vermischt und in stehenden Gewässern abgesetzt. Aus diesem Schlamm bilden sich bei langsamer Entwässerung sogenannte Tonlager. In der Regel wird Ton im Tagebau abgebaut. Sobald wir Ton hohen Hitzegraden aussetzen, verwandeln wir ihn wieder zurück in ein gesteinsähnliches Material.

Neben vielen anderen Bestandteilen enthalten Tone verschiedene Metalloxyde, die die Farbe des Tons beeinflussen. Es gibt weiße, rote, lederfarbige, korkfarbene, braune, schwarze und auch graue Tone. Ein stark eisenoxydhaltiger Ton hat eine hochrote Brennfarbe, hohe Anteile von Manganverbindungen färben den Ton dagegen braun bis schwarz.

Es gibt auch große Unterschiede in der Bildsamkeit (Plastizität) der Tone. Man spricht daher auch von **fettem** oder **plastischem** Ton und – im Gegensatz dazu – von **magerem** oder **unplastischem** Ton. Das hat mit einem wirklichen Fettgehalt nichts zu tun. Der fette oder plastische Ton fühlt sich glatt und geschmeidig an und ist sehr bildsam, trocknet aber oft ungleichmäßig, was wiederum zur Rissbildung führt. Er eignet sich für detaillierte Entwurfsarbeiten, aber nicht zum Brennen. Der magere Ton fühlt sich rau und stumpf an und ist weniger bildsam, er trocknet jedoch gleichmäßig und eignet sich daher auch zum Aufbau größerer Sachen.

Gewisse Zusätze können die Verarbeitbarkeit des Tons verbessern. Ein gebräuchlicher Zusatz ist **Schamotte** (auch Magerungsmittel genannt). Schamotte ist in verschiedener Körnung gemahlener, bereits gebrannter Ton. Er wird dem plastischen Ton beigemischt, um ihm eine größere Stabilität zu verleihen und ihn luftdurchlässiger zu machen, sodass die Gase beim Brennen gut entweichen können. Die Zugabe von Schamotte bewirkt außerdem eine Verringerung der Schwindung des Tons beim Trocknen, was sich positiv auf ein eventuelles Verziehen und Reißen beim Trocknen auswirkt.

Schlicker ist ein mit Wasser angemachter Tonbrei, der wie ein „Klebstoff" lederharte und/oder plastische Tonstücke miteinander verbindet.

Der Schlicker muss aber aus demselben Ton wie das Werkstück sein. Es gibt verschiedene Methoden Schlicker anzurühren. Man kann kleine nasse Tonstückchen mit Wasser

solange verrühren bis sie cremig sind; einfacher ist es jedoch, ein Stück Ton auszurollen, dieses trocknen zu lassen und es zu zerkleinern, sodass Tonmehl entsteht. Dieses Tonmehl lässt sich mit Wasser leichter verrühren als frischer Ton.
Ich lege dazu die getrocknete Tonplatte in eine feste Plastiktüte und rolle mit dem Rollholz darüber bis die Platte fein zerkrümelt ist.
Der Berufstöpfer kann seinen Ton selbst aufbereiten. Für Hobbytöpfer empfiehlt sich jedoch der **Kauf von fertigen Massen**. Sie erhalten diese fertigen Massen in Geschäften für Keramikbedarf in verschiedenen Tonfarben und Körnungen. Er ist in der Regel in 10-kg-Hubeln abgepackt und wird in einer stabilen und gut verschlossenen Plastiktüte angeboten. So verpackt und im Keller frostfrei gelagert, können Sie den Ton darin jahrelang aufheben.
Für die im Buch gezeigten Arbeiten wurde gebrauchsfertiger Ton mit 25 % Schamotte-Anteilen, Körnung 0–0,5 mm (Typ „2505"), in den Farben Weiß, Rot und Schwarz aus dem Westerwald verwendet.

Der Arbeitsplatz

Da Ton ein schwergewichtiges Material ist und auch das Zubehör, wie beispielsweise die Töpferränderscheibe, sehr schwer ist, sollte der Arbeitstisch stabil sein. Auch das Licht spielt beim Gestalten eine wichtige Rolle. Am besten ist natürlich Tageslicht, wobei direkte Sonneneinstrahlung jedoch vermieden werden sollte. Ich habe in meiner Werkstatt verschiedene Neonröhren an der Decke. So habe ich Licht von allen Seiten, denn die eigenen Hände sollten keine Schatten auf das Objekt werfen.
Wenn Sie eine Werkstatt neu planen, sollten Sie zuerst den Platz für den Brennofen festlegen. Der Ofen sollte nicht im Weg stehen und die große Hitze, die beim Brennen abgegeben wird, sollte keinen Schaden anrichten können. Die Regale aus Holzrosten zum Trocknen der Objekte sollten also nicht in der Nähe des Ofens sein.
Neben dem Brennofen sollte sich entweder ein Fenster oder ein Abzugsgebläse befinden, um die beim Brennen entstehenden Dämpfe abzuleiten.

Ein Feuerlöscher sollte vorsichtshalber in der Nähe des Brennofens bereit gehalten werden.

Günstig sind ein Wasseranschluss und ein Waschbecken in der Werkstatt.
Obwohl die Aufbaukeramik wesentlich weniger Staub hinterlässt als das Arbeiten an der Drehscheibe, macht auch hier der Staub Schwierigkeiten. Daher ist es ratsam, den Raum mit einem feucht abwaschbaren Bodenbelag, z. B. Fliesen oder Linoleum auszustatten.
Beim Töpfern fallen oft Tonkrümel zu Boden oder beim Glasieren lassen sich Glasurspritzer auf dem Boden nicht vermeiden. Durch Schuhe und auch Schürze trägt man diesen Schmutz oft durch die ganze Wohnung. Ich habe mir angewöhnt, meine Schuhe beim Verlassen der Werkstatt zu wechseln. Befindet sich Ihre Werkstatt in einem Durchgangszimmer, so legen Sie am Ein- und Ausgang einen feuchten Lappen zum Schuhabtreten auf den Boden.

Werkzeuge und Geräte

Ein großer Vorteil der Aufbautechnik ist, dass man sich auf wenige Werkzeuge beschränken kann, denn die wichtigsten Werkzeuge sind die Hände.

Dennoch braucht man als Grundausstattung:

- einige Pressspan- oder starke Sperrholzbretter in verschiedenen Größen als Arbeitsunterlage, Kunststoffplatten oder beschichtete Spanplatten sind ungeeignet, da der Ton daran festklebt
- Ton
- Tonschneidebügel oder Schneidedraht
- Modellierhölzer in verschiedenen Ausführungen
- Modellierschlingen zum Aushöhlen und Abtragen
- Rollholz (Nudelholz)
- Schaschlikstäbchen
- Kochlöffel mit langem Stiel
- Gabel und spitzes Messer (Töpfermesser)
- Graviernadel zum Schneiden, Ausschneiden und Ritzen

- Kunststoff-Teigschaber ohne Stiel
- Maßband und evtl. Zirkel
- eine Töpferränderscheibe ist praktisch, aber nicht unbedingt notwendig
- Gipshalbkugelformen mit 10 cm, 15 cm und 20 cm Durchmesser
- Ausstechförmchen
- Schleifpapier, grobe Körnung
- Fertigglasuren
- Borstenpinsel in verschiedenen Stärken sowie einen feinen Haarpinsel und einen Schwamm.

Ratschläge im Umgang mit Ton

Der im Kunststoffbeutel gekaufte 10-kg-Hubel Ton ist gebrauchsfertig, das heißt, er bedarf keiner weiteren Bearbeitung mehr. Sie können sofort damit töpfern.
Kleine Tonabfälle gebe ich in den Schlickerbehälter, größere Tonabfälle, die beim Arbeiten anfallen, sammele ich in einem sauberen Kunststoffeimer mit Deckel (für jede Tonfarbe separat). Wenn dieser Ton etwas angetrocknet ist, können Sie ihn durch Einschlagen in ein nasses Tuch wieder weich bekommen, ist er sehr trocken, können Sie mit einem Rundholz Löcher hineinbohren, diese mit Wasser auffüllen und den Ton so wieder geschmeidig machen. Völlig ausgetrocknete Masse können Sie mit dem Hammer zerkleinern und in kleinen Mengen in nassen Lappen wieder aufweichen. Aus diesem wiederaufbereiteten Ton muss vor der Verarbeitung sorgfältig die Luft herausgeschlagen werden. Vor dem Verarbeiten muss der Ton sorgfältig geknetet werden.
Ton ist plastisch, solange er feucht genug ist. Wenn Sie ein angefangenes Werkstück erst am nächsten Tag fertig stellen wollen, können Sie es bis dahin feucht halten, indem Sie es mit Wasser aus einer Sprühflasche besprühen und in eine dünne Plastikfolie luftdicht einwickeln.
Größere Stücke sollten Sie nicht auf einmal aufbauen, sondern in Etappen, denn nur so kann man sie vor dem Zusammensacken bewahren. Lassen Sie den unteren Teil Ihrer Arbeit einige Stunden antrocknen, decken Sie aber unbedingt den Rand, auf dem Sie später weiter aufbauen wollen, mit dünner Folie ab, damit dieser nicht zu trocken wird. Bereits beim Formen des Tons sollte man auch an das Trocknen der Arbeit denken. Tonwandungen von unterschiedlicher Dicke schwinden (trocknen) in unterschiedlichen Zeitspannen, was Risse verursachen kann. Deshalb sollte man z. B. bei einem Gefäß den Boden nicht dicker als die Wände oder umgekehrt ausarbeiten. Auch sollte man beim Formen eines Objekts schon bedenken, ob und wie man es glasieren will. Oftmals braucht man für den Glasurauftrag genauso viel Zeit wie für das Formen. Das Füllhorn beispielsweise wird ganz in einer Farbe glasiert. Das geht schnell und ist sehr einfach; das Glasieren des Teddys jedoch hat mir einiges an Geduld abgefordert.

Effekte und Oberflächen

Nicht nur die Form eines Objektes, sondern auch die Oberfläche und Farbe müssen zueinander passen, um insgesamt ein harmonisch abgerundetes Ergebnis zu erhalten.
Die gerade bei Hobbytöpfern bekannteste Form der Dekoration ist die Glasur. Sie verleiht der Keramik Farbe, je nach Art der Glasur auch Struktur und, was vor allem bei Geschirrteilen wichtig ist, man kann sie leicht reinigen. Aber auch unglasierte Arbeiten oder Stücke, die nur zum Teil glasiert sind, haben ihren Reiz.

Das Trocknen

Genauso wichtig wie das Feuchthalten des Tons bei der Arbeit, ist das langsame und gleichmäßige Trocknen des fertigen Werkstückes. Beim Trocknen verdunstet das Wasser aus dem Ton, die Tonteilchen werden näher zusammengezogen; dadurch verringert sich das Volumen des Werkstückes um ca. 10 %.
Für den Trocknungsgrad des Tons kennt man die Begriffe:

✦ Lederhart

Lederhart bezieht sich auf den Zustand, in dem der Ton leicht angetrocknet, jedoch noch feucht ist. Der Ton lässt sich noch eindrücken, aber nur noch wenig biegen. Der lederharte Ton lässt sich polieren und wie Leder schneiden. Gerade in der Plattentechnik arbeitet man oft mit lederhartem Ton.

✦ Knochentrocken

Knochentrocken ist der Ton, wenn er an der Luft völlig ausgetrocknet ist. Er lässt sich dann nicht mehr formen. Man kann ihn jedoch mit Schmirgelwerkzeugen bearbeiten. Knochentrockener Ton ist sehr bruchempfindlich; man muss in diesem Stadium mit den fertigen Werkstücken daher sehr vorsichtig umgehen. Das gilt insbesondere, wenn man die Werkstücke zum Brennen weggeben muss. Leider passiert es immer wieder, dass wenn Hobbytöpferinnen ihre Werkstücke zu mir bringen und auspacken, Teile ihrer Arbeiten abgebrochen oder diese gar ganz zerbrochen sind. Ich rate Ihnen, den Boden des Transportkartons mit zerknülltem Zeitungspapier zu bedecken, die einzelnen Objekte mit viel Abstand darauf zu verteilen, und wiederum zerknülltes Zeitungspapier dazwischen zu legen. Auf diese erste Lage kann man nur noch leichte Teile auflegen, natürlich muss wiederum viel zerknülltes Papier dazwischen liegen.

Die Dauer des Trocknens fertig gearbeiteter Werkstücke hängt von verschiedenen Faktoren ab: von der Raumtemperatur, der Luftfeuchtigkeit und vor allem von der Größe und der Stärke der Wandung und nicht zuletzt auch von der Form des Werkstückes. Lassen Sie große Werkstücke (über 35 cm Höhe oder Durchmesser) besser in einem kühlen Raum (das kann auch ein Keller sein) trocknen, als in einem beheizten Zimmer. Sofern Ihnen kein kühler Raum zur Verfügung steht, decken Sie das Werkstück zum Trocknen mit Folie oder Zeitungspapier ab. Kleinere Arbeiten stellen Sie auf ein Pressspanbrett ins unterste Regal und decken Sie

die oberen offenen Ränder sorgfältig mit Zeitungspapier oder dünner Folie ab, denn die Werkstücke trocknen von oben nach unten. Das bedeutet, wenn Sie es nicht abdecken würden, würde z. B. bei einem Gefäß der obere Teil der Wandung schon trocken sein, während der Boden noch sehr nass ist, da sich auch das Wasser hier sammelt. Das führt zwangsläufig zu Trocknungsrissen. Abstehende Teile, z. B. Henkel, dünne aufgesetzte Teile usw. müssen bis zum völligen Trocknen zusätzlich mit weichem Küchenkrepp vor zu schnellem Austrocknen geschützt werden.
Wenn Gefäße lederhart sind, können sie sich nicht mehr verformen. Deshalb muss man sie zum Trocknen auf den Kopf stellen. Reliefs, Schalen und Platten verziehen sich beim Trocknen sehr leicht, sie müssen deshalb gut mit Zeitungspapier auch über den Rand des Werkstückes hinaus abgedeckt werden. Auch sollte man hier die Unterlage, d. h. die Pressspanplatte, nach dem Antrocknen vorsichtig entfernen und das Werkstück auf eine trockene Platte umsetzen, damit der Boden des Objekts durch die Nässe in der Pressspanplatte nicht vom Trocknen zurückgehalten wird.
Kugelformen oder in sich geschlossene kompakte Formen sind beim Trocknen völlig unkompliziert, sollten aber auch langsam unter Zeitung getrocknet werden.

Das Brennen

Wenn Sie einen eigenen Ofen haben, beachten Sie für die Brandführung die Angaben des Herstellers.
Wenn Sie keinen Ofen besitzen, können Sie im Hobbyfachhandel oder bei der Volkshochschule nach einem Brennservice fragen. Es gibt im Handel jedoch schon eine große Anzahl von Hobby-Elektroöfen in verschiedenen Größen, die keine besonderen Anschlüsse voraussetzen, auch die Anschaffungskosten sind erschwinglich.

Für den Schrühbrand bestückter Brennofen

Der Schrühbrand, auch Roh- oder Biskuitbrand genannt

Sobald ein Werkstück völlig trocken ist, kann es in den Brennofen gesetzt und gebrannt werden. Ob ein Gefäß völlig trocken ist, erkennen Sie auch an der Farbe des Tons; trockener Ton ist heller als nasser Ton. Der Schrühbrand ist der erste Brand, das Vorbrennen vor dem Glasieren, und erfolgt in der Regel bei 900 Grad Celsius.
Bei diesem Brand handelt es sich im Prinzip um eine Entwässerung des Tones. Die Hitze wird sehr langsam gesteigert und dabei wird dem Ton langsam das Wasser entzogen. Dabei verwandelt sich der Ton in einen festen, porösen (aber noch nicht dicht gesinterten) Scherben, auf dem die Glasur gut haftet. Deshalb spricht man bei gebranntem Ton von einem Scherben.
Beim Schrühbrand dürfen die Werkstücke dicht aneinander gestellt werden, und Gefäße mit Deckel, wie die Gebäckdose in Walnussform und die Schneemanndose, sollen mit aufgesetztem Deckel in den Ofen geräumt werden. Man kann verschieden große Gefäße sogar ineinander stellen. Die größten und schwersten Stücke sollten Sie nach unten setzen und beim weiteren Einräumen auch auf eine ausgewogene Verteilung des Gewichtes achten. Für den Brennverlauf sollten Sie die Angaben des Ofenherstellers beachten.

Das Glasieren

Mit einer Glasur kann man das Aussehen seines Werkstückes sehr verändern, man kann es verbessern, im ungünstigen Fall aber auch verderben. Das Gebiet ist groß und dabei habe ich schon viele Freuden, aber auch herbe Enttäuschungen erlebt.
Der Keramikbedarfs-Handel hält eine Vielzahl von Glasuren bereit, die matt oder glänzend sind. Sie werden meistens aber noch in Pulverform geliefert, der Glasurstaub ist allerdings gesundheitsschädlich. Man sollte beim Anrühren des Pulvers mit Wasser unter allen Umständen stets eine Staubmaske tragen.
Aus diesem Grund verwende ich ausschließlich fertig angerührte Glasuren. Die Auswahl ist zwar noch nicht ganz so groß wie bei den Pulverglasuren, auch ist der Preis hier höher, aber das sollte einem die eigene Gesundheit und die der Kursteilnehmer wert sein. Von jeder Glasur sollte man eine Brennprobe mit den Tonen machen, mit denen man arbeitet, denn ein und dieselbe Glasur kann auf weiß oder rot brennendem Ton völlig anders aussehen.
Brennen Sie die Glasur auf der Temperatur, die der Hersteller empfiehlt, und beachten Sie die Verarbeitungsvorschriften; die meisten Glasuren müssen vor dem Gebrauch gründlich aufgerührt werden.
Schauen Sie sich nun das zu glasierende Werkstück an: weist es scharfe Ecken und Kanten oder sonstige kleine Unebenheiten auf, können diese jetzt mit grobem Schleifpapier abgeschliffen werden. Die zu glasierenden Objekte sollten immer staub- und fettfrei sein. Liegt der Schrühbrand schon lange zurück, sollten Sie Ihre Werkstücke vor dem Glasieren einfach abwaschen und gut an der Luft trocknen lassen.
Danach tragen Sie Ihre Glasur auf. Fertig angerührte Glasuren, also Flüssigglasuren, werden immer mit einem Borstenpinsel satt aufgetragen. In der Regel muss der Glasurauftrag zweimal erfolgen, die in diesem Buch verwendete rote Glasur Feuerrot muss sogar dreimal aufgetragen werden. Grundsätzlich gilt, dass der Boden eines Gefäßes oder die Standfläche einer Plastik nicht mitglasiert werden dürfen, denn sie würde sonst auf der Ofenplatte festbacken.

Der Glasur- oder Glattbrand

Der zweite Brand, der Glasur- oder Glattbrand, hat eine höhere Temperatur als der Schrühbrand. Bei diesem Brand verdichtet sich die Masse noch weiter, d. h. der Scherben wird durch nochmaliges Schwinden dichter. Während dieses Brandes schmilzt die aufgetragene Glasur zu Glas, dringt in den Ton ein und verbindet sich ganz und gar damit.
Achten Sie darauf, dass Sie auf keinen Fall die für Ihren Ton angegebene Brenntemperatur überschreiten. Ein Überschreiten der Brenntemperatur hat zur Folge, dass der

Scherben weich wird und schmilzt. Zum Einräumen des Ofens für den Glattbrand sollten Sie sich Zeit nehmen, denn der kleinste Fehler kann schlimme Folgen haben. Die Ofeneinsetzplatten sollten mit einem sogenannten Trennmittel gestrichen sein, damit evtl. herablaufende Glasur, die daran festbackt, leichter entfernt werden kann. Sie können die Einsetzplatten alternativ auch mit Quarzsand bestreuen.

Die gefertigten Stücke sollen etwa 1–2 cm auseinander stehen, auf keinen Fall dürfen sie sich berühren, denn sonst backen sie zusammen, und sind, ohne Schaden anzurichten, nicht mehr voneinander zu trennen. Stellen Sie die Werkstücke auf Schamotte-Dreifüße, wobei Sie das Gewicht der Stücke ausbalancieren müssen, damit sie nicht kippen.

Gerade Kugelgefäße müssen sicher stehen, denn sie kippen aufgrund ihrer Gewichtsverteilung gerne um.

Öffnen Sie die Ofentür erst, wenn der Ofen eine Temperatur unter 80 Grad C anzeigt. Wenn Sie die Ofentür zu früh öffnen, können die Keramiken reißen.

Technik des Einformens

Mit Hilfe der Einformtechnik erzielt man sehr gute Ergebnisse und kann sich das Formen von vielen Objekten erleichtern. Hierbei wird der Ton in Gipsformen eingeformt. Die am vielseitigsten zu verwendende Form ist die **Gipshalbkugelform**.
Gipshalbkugelformen gibt es in verschiedenen Durchmessern, in 5-cm-Schritten von 10 bis 50 cm im Fachhandel. Sie sind vielfältig einsetzbar und für manche Objekte nahezu unentbehrlich. Sie können aus diesen Halbkugelformen Schalen, Dosen, Vasen, den Teddy, den Elch, die Windlichter und natürlich noch vieles mehr mit runder Grundform, anfertigen. Sie werden sich sicher fragen, ob sich so eine Anschaffung lohnt, denn man kann eine runde Kugelform auch durch Überformen einer Styroporkugel, oder Einformen in eine mit Tüchern ausgelegte runde Schüssel erhalten. Ich meine, eine Gipshalbkugelform mit dem Durchmesser von 15 und 20 cm ist in jedem Fall eine lohnende Investition, denn das Ergebnis ist besser, da die Oberflächen glatter sind und man die Tonhalbkugel auch in der Gipsform lederhart werden lassen kann, was über einem Styroporball nicht möglich ist.

Grundanleitung

Durch Einformen von Ton in eine Gipshalbschale ist es möglich, runde Kugeln und Gefäße auch ohne Töpferscheibe zu arbeiten. Schneiden Sie von dem Tonballen ein etwa 2 cm dickes Stück ab. Biegen Sie dieses Stück in den Händen schon etwas halbrund. Das so vorgeformte Tonstück wird nun in

die Gipshalbschale gelegt, und der Ton wird mit Druck an der Wand nach oben geschoben. Die Wandstärke soll ca. 1 cm betragen. Sie können dieses durch Einstechen mit einem Schaschlikstäbchen prüfen. Die überstehende Tonwand wird mit einem Plastik-Teigschaber oder einem Modellierholz abgeschnitten. Nehmen Sie hierzu kein Messer, denn damit verletzen Sie leicht die Gipsschale. Der abgesplitterte Gips könnte dann in den Ton eindringen, was beim Trocknen zu Rissen führt.
Glätten Sie nun die Innenseite, und achten Sie darauf, dass eine gleichmäßige Randstärke von 1 cm erhalten bleibt, denn das ist die Voraussetzung für ein problemloses Aneinanderfügen beider Halbschalen.
Ist die Gipsform trocken, so löst sich der Ton nach wenigen Minuten aus der Form. Ist die Gipsform nass, so dauert das Loslösen des Tons von der Gipswand länger. Legen Sie ein rundes Holzbrettchen auf die Öffnung der Halbschale, drehen Sie diese mit dem Brettchen um, und stürzen Sie die Form. Die Tonhalbkugel ruht nun unbeschadet auf dem Brett.

Zeigt die Halbkugelform Unebenheiten oder feine Risse an der Oberseite auf, so verstreichen Sie diese mit den Fingern oder mit dem Teigschaber.
Arbeiten Sie nun die zweite Halbkugelform ebenso wie die erste. Allerdings brauchen Sie diese zweite Halbkugel nicht aus der Form herauszunehmen. Rauen Sie die Ränder beider Halbkugelformen gut an, tragen Sie Schlicker satt mit dem Pinsel auf und fügen Sie beide Teile mit leichtem Druck zusammen. Da die Kugel noch nass ist, und damit sie sich bei der weiteren Bearbeitung nicht verzieht, sollte man sie ruhig etwa eine Stunde in der Form lassen. Danach kann man sie problemlos aus der Form nehmen und die Nahtstelle versäubern.
Unebenheiten an der Naht kann man mit dünnen Tonröllchen ausschmieren.
Stechen Sie ein Loch, mindestens 0,5 cm Durchmesser, in die Kugel, damit beim Trocknen und Brennen die Luft entweichen kann. Die Kugel wird bei 900 Grad geschrüht und bei 1050 bis 1080 Grad zum zweiten Mal gebrannt.

Elch im Norwegerpulli**

Dieser treue Elch, eingemummelt in einen für seine Heimat typischen warmen Norwegerpullover, balanciert ein kleines Tablett sicher zwischen seinen Vorderhufen. Mit einem Teelicht versehen oder mit einer anderen weihnachtlichen Dekoration, wie etwa duftenden Gewürzen oder Nüssen, macht er eine gute Figur. Höhe: 25 cm

Material

- rot brennender Ton, Typ 2505
- Glasuren in Weiß, Chinabeige, Hellbraun und Blau matt
- Gips-Halbschale, 15 cm und 10 cm Durchmesser
- Apfelausstecher
- Ausstechförmchen Stern

Anleitung

Arbeiten Sie nach der Grundanleitung eine Kugel von 15 cm Durchmesser für den Körper und eine Kugel von 10 cm Durchmesser für den Kopf.

Stellen Sie nun die dickere Kugel so auf Ihre Arbeitsplatte, dass die Kugelnaht waagerecht verläuft, und schneiden Sie oben eine Öffnung von etwa 6 cm Durchmesser hinein. Stellen Sie die kleine Kugel ebenfalls so, dass die Naht waagerecht verläuft, und schneiden Sie auch hier eine Öffnung von etwa 6 cm Durchmesser hinein. Nun stellt man beide Kugeln mit den Öffnungen aufeinander. Durch Anrauen und Schlickern verbinden Sie nun beide Kugeln gut miteinander.

Die Schnauze wird extra aufgesetzt. Man formt sie aus einer Tonkugel von etwa 7 cm Durchmesser, schneidet diese Kugel mitten durch und höhlt eine Hälfte aus. Diese ausgehöhlte Hälfte wird vorne am Kopf platziert. Bevor man sie durch Anrauen und Schlickern befestigt, sticht man mit dem Apfelausstecher ein Loch in die Kopfkugel, und zwar genau dort, wo die Halbkugel aufgesetzt wird.

Die Arme werden aus einer etwa 2,5 cm starken Wulst, die der Länge nach durchgeschnitten wird, geformt. Bevor sie durch Aufrauen und Schlickern an den Körper angebracht werden, werden sie etwas halbrund gebogen.

Die Augen werden aus kleinen Kugeln geformt. Stechen Sie mit einem dünnen Stäbchen Löcher in den Kopf, und zwar dort, wo Sie die Augen befestigen wollen. Formen Sie kleine Kügelchen und spitzen Sie diese an. Schlickern Sie die Spitzen nun an und stechen Sie sie in die Augenhöhlen, dann erst werden sie flachgedrückt; die Nase wird eingeritzt, ebenso wie die Nasenlöcher.

Aus einer dünnen Tonplatte werden drei Sterne mit Ausstechförm-

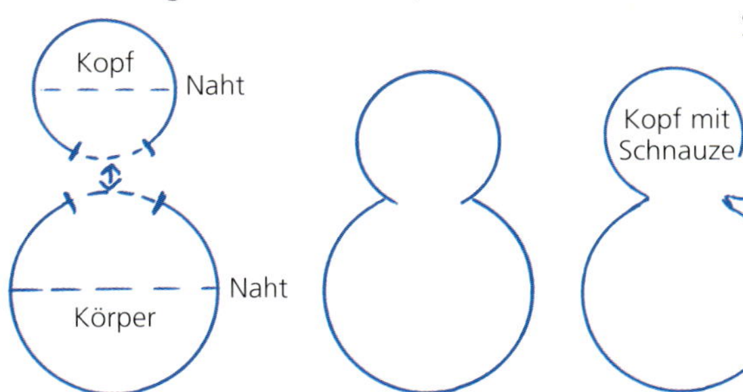

chen ausgestochen und auf den Körper geschlickert.
Die Pulloverbündchen am Hals, dem Saum und den Ärmeln werden aus dünnen Wülsten zunächst angeschlickert. Dann werden die Wülste jeweils zur Pullovermitte hin ausgestrichen und eingeritzt.
Zum Schluss wird das Geweih aus einer Tonplatte ausgeschnitten. Die Platte sollte besser etwas dicker sein, als zu dünn. In den Kursen erlebe ich immer wieder, dass man dazu neigt, abstehende und anzuschlickernde Teile, wie z.B. Ohren, zu dünn zu formen. Das hat den Nachteil, dass sie den Brand zwar überleben, aber später beim Gebrauch, bzw. beim Dekorieren sehr schnell abbrechen. Geweih und Ohren werden angeschlickert.

Aus einer Tonplatte von etwa 8 cm Durchmesser wird die Halterung für das Tablett geformt und zwischen die Hände und direkt an den Körper angeschlickert.
Ganz zuletzt werden die Füße aus zwei gleich großen Tonkugeln geformt und durch Anrauen und Schlickern am Körper befestigt. In jeden Fuß sowie in die Hände werden Einkerbungen vorgenommen.
Nun muss der Elch trocknen und wird dann in den Schrühbrand bei 900 Grad gegeben.
Bevor Sie mit einem Borstenpinsel die Glasuren auftragen, schleifen Sie Tonkrümel mit grobem Schleifpapier weg.
Gesicht, Hände und Füße werden nicht glasiert. Auf das Ohrinnere wird Chinabeige aufgetragen, auf die Außenseite die hellbraunfarbene Glasur. Der Pulli wird in Blau, die Sterne und die Bündchen werden in Weiß glasiert. Die Teelichthalterung wiederum in der Farbe Hellbraun, die Sterne darauf in Chinabeige. Nun wird der Elch erneut im Glasurbrand bei 1070 Grad gebrannt.

Teddy im Nikolausmantel**

Kleine und große Leute gleichermaßen lassen sich von einer netten Überraschung aus dem Nikolaussack erfreuen, zumal wenn sie von so einem drolligen Nikolausgehilfen gereicht wird. Höhe: 25 cm

Material

- rot und weiß brennender Ton, Typ 2505
- Glasuren in Weiß, Chinabeige, Braun, Hellbraun und Rot
- Gips-Halbschale, 15 cm und 10 cm Durchmesser
- Apfelausstecher

Anleitung

Hier wurde der Pelzbesatz aus weißem Ton geformt, während Kopf und Körper aus rotem Ton gearbeitet wurden. Das hat den Vorteil, dass man später die weiße Glasur für den Pelzbesatz nur einmal aufzutragen braucht. Würde man den Pelzbesatz auch aus rotem Ton formen, besteht die Gefahr, dass die weiße Glasur nicht so gut deckt. Verwendet man verschieden farbigen Ton, muss die Körnung beider Tone natürlich die gleiche sein. Arbeiten Sie nach der Grundanleitung eine Kugel von 15 cm Durchmesser für den Körper und eine Kugel von 10 cm Durchmesser für den Kopf.

Stellen Sie nun die dickere Kugel so auf Ihre Arbeitsplatte, dass die Kugelnaht waagerecht verläuft und schneiden Sie oben eine Öffnung von etwa 6 cm Durchmesser hinein. Stellen Sie die kleine Kugel so, dass die Naht waagerecht verläuft und schneiden Sie auch hier eine Öffnung von etwa 6 cm Durchmesser hinein. Nun stellt man beide Kugeln mit den Öffnungen aufeinander.

Durch Anrauen und Schlickern verbinden Sie nun beide Kugeln gut miteinander.

Die Schnauze wird extra aufgesetzt. Man formt sie aus einer Tonkugel von etwa 4 cm Durchmesser und schneidet diese Kugel mitten durch. Bevor man sie durch Anrauen und Schlickern befestigt, sticht man mit dem Apfelausstecher ein Loch in die Kopfkugel, und zwar genau dort, wo die Halbkugel aufgesetzt wird.

Die Arme werden aus einer etwa 2,5 cm starken Wulst, die der Länge nach durchgeschnitten wird, geformt. Bevor sie an den Körper durch Aufrauen und Schlickern angebracht werden, werden sie etwas halbrund gebogen.

Die Augen werden aus kleinen Kugeln geformt. Stechen Sie mit einem dünnen Stäbchen Löcher in den Kopf, und zwar dort, wo Sie die Augen befestigen wollen. Formen Sie kleine Kügelchen, drehen Sie diese spitz zu und schlickern Sie die Spitzen an. Fügen Sie die kleinen Spitzen anschließend in die Augenhöhlen ein. Die Nase wird eingeritzt.

Der Pelzbesatz wird aus etwa 1 cm starken Wülsten aus weißem Ton zunächst ausgerollt, dann am Saum und den Ärmeln, sowie um den Hals und mittig senkrecht angeschlickert. Dann werden die Wülste alle etwas flachgedrückt und eingeritzt.

Aus zwei gleich großen Kugeln werden Ohren geformt und an den

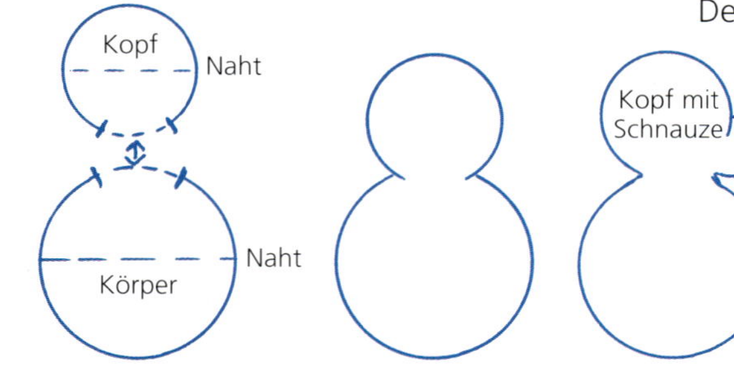

Kopf angeschlickert. Das Ohrinnere wird leicht eingedrückt. Aus einer Tonplatte wird die Mütze in Form eines Dreiecks ausgeschnitten. Die Platte sollte besser etwas dicker sein, als zu dünn, damit man noch genug Masse zum Formen hat.

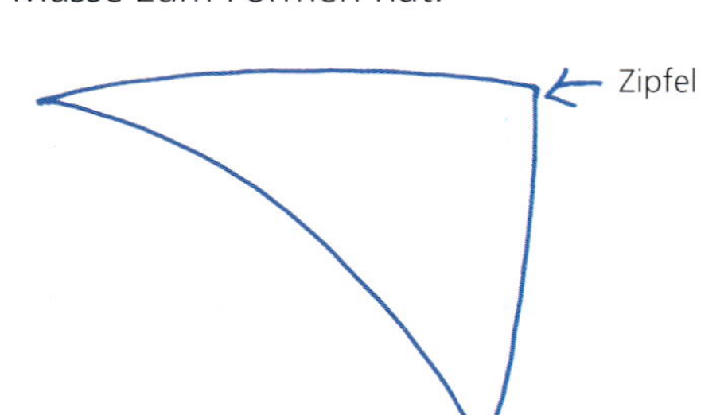

Jetzt sticht man mit dem Apfelausstecher ein Loch oben in die Kopfkugel und befestigt die Mütze auf dem Kopf. Hier braucht man etwas Geduld, bis die Mütze richtig sitzt. Man formt das Mützenende zu einer schönen Spitze und schlickert eine runde Kugel daran. Auch am Mützenrand wird eine Wulst aus weißem Ton als Pelzbesatz angebracht.
Aus einer Tonplatte von etwa 15 cm Durchmesser wird der Sack geformt und zwischen die Hände und direkt an den Körper angeschlickert. Knapp unter der Sacköffnung schlickert man eine zweisträngige Tonkordel an. Ganz zuletzt werden die Füße aus zwei gleich großen Tonkugeln geformt und durch Anrauen und Schlickern am Körper befestigt. In jeden Fuß sowie in die Hände werden Einkerbungen vorgenommen.
Nun muss der Teddy trocknen und wird dann bei 900 Grad in den Schrühbrand gegeben.
Bevor Sie mit einem Borstenpinsel die Glasuren auftragen, schleifen Sie Tonkrümel mit grobem Schleifpapier weg.

Gesicht, Hände und Füße werden nicht glasiert. Auf das Ohrinnere wird die Glasur Chinabeige aufgetragen, der Sack wird in Hellbraun glasiert, ebenso wie die Augen. Der Mantel wird wie abgebildet in Rot und Weiß glasiert.
Nun wird der Teddy erneut im Glasurbrand bei 1070 Grad gebrannt.

Duftlampe**

Oftmals sind die Schalen der im Handel angebotenen Duftlampen sehr knapp bemessen. Kaum hat man die Lampe angezündet und die Schale mit dem Duftöl-Wasser-Gemisch gefüllt, ist es auch schon verdunstet. Die Schale dieser Duftlampe ist groß genug, um genügend Duftöl aufzunehmen, sodass man es wenigstens 2 Stunden lang genießen kann.

Material

- weiß brennender Ton, Typ 2505
- Glasuren in Blau und Beige
- Gipshalbkugel, 15 cm Durchmesser
- Ausstechförmchen Stern

Anleitung

Arbeiten Sie nach der Grundanleitung eine Kugel von 15 cm Durchmesser. Stellen Sie nun die Kugel so auf Ihre Arbeitsplatte, dass die Kugelnaht waagerecht verläuft. Schneiden Sie oben eine runde Öffnung von etwa 10 cm Durchmesser hinein.

Wenn möglich, lassen Sie die Kugel drei, vier Stunden lang antrocknen und schneiden Sie dann erst das Muster aus. Dazu drückt man einen Stern auf die Mitte der Kugel und zeichnet einen Kreis herum. Damit der Kreis schön rund wird, sollte man eine Trinkglasöffnung in der entsprechenden Größe als Hilfsmittel verwenden.

Die Felder um den Stern herum werden nun ausgeschnitten. Dabei muss man vorsichtig vorgehen, und zwischen den einzelnen Segmenten kleine Stege stehen lassen, damit der Stern nicht herausfällt.

Die Öffnung für das Teelicht wird gegenüber des Musters ausgeschnitten. Aus einer runden Platte von etwa 15 cm Durchmesser wird die Schale für das Duftöl geformt. Man biegt die Kanten leicht wellig und nach oben. Die Schale wird auf die Duftlampe aufgelegt und leicht hineingedrückt, sodass eine schöne Vertiefung entsteht. Auch beim Trocknen kann die Schale oben auf der Duftlampe liegen bleiben; sie klebt nicht daran fest, denn sie ist ja nicht angeschlickert. Nach dem Trocknen gibt man sie bei 900 Grad in den Schrühbrand.

Falls Tonkrümel rund um das ausgeschnittene Motiv an den Wänden haften, werden sie mit grobem Schleifpapier weggeschliffen. Anschließend wird die Glasur innen und außen sorgfältig aufgetragen, besonders im Bereich des Musters muss man darauf achten, dass die Glasur auch in den Ecken aufgetragen wird. Jetzt wird die Duftlampe in den Glasurbrand gegeben.

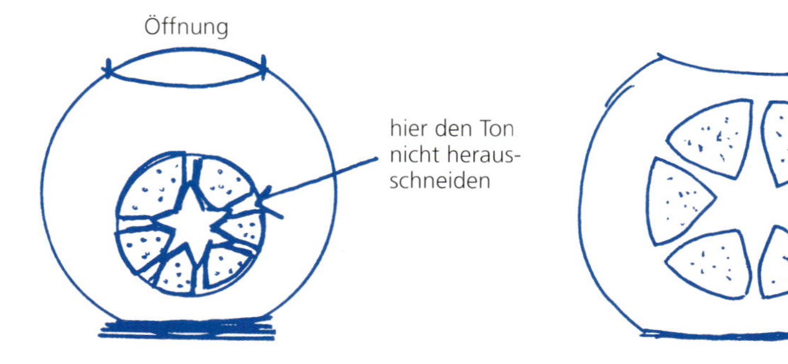

Gebäckdose Walnuss ***

Diese Gebäckdose sieht in der Weihnachtszeit besonders dekorativ aus und wird sicher nicht nur mit Nussplätzchen gefüllt. Trotzdem ist die Dose nicht zu weihnachtlich gestaltet, sodass man sie auch schon im Herbst bereits auf den Tisch stellen kann. Denn die Dose ist nicht in einer halben Stunde gemacht und sollte deshalb gebührend zum Einsatz kommen.

Material

- weiß brennender Ton, Typ 2505
- Glasuren in Honiggelb und Hellbraun
- Gipshalbkugel, 20 cm Durchmesser

Anleitung

Nach der Grundanleitung werden zwei Halbkugeln von 20 cm Durchmesser geformt. Beide Halbkugeln werden mit der Öffnung nach unten auf die Arbeitsplatte gestellt. Gemäß der Zeichnung werden aus beiden Halbkugeln Keile ausgeschnitten. An den Schnittstellen wird der Ton gut zusammengedrückt und mit einem dünnen Tonwülstchen innen und außen stabilisiert.

Die Grundform der Nuss ist so schon gut zu erkennen. Jetzt werden beide Halbkugeln aufeinandergesetzt, jedoch ohne sie miteinander durch Anrauen und Schlickern zu verbinden. Der Boden der „Dose" wird so ausbalanciert, dass die Naht waagerecht verläuft. Nun wird eine schöne Spitze geformt. Um die Aufsatzstelle wird um jede Nusshälfte herum eine dünne Wulst angeschlickert und nach oben bzw. nach unten hin ausgestrichen. Nun legt man zwischen beide Nusshälften ein Stück Papier und lässt sie so 3 bis 4 Stunden antrocknen. Das ist nicht unbedingt notwendig, erleichtert aber das weitere Bearbeiten, da sie sich dann nicht mehr so sehr verziehen.

Danach öffnet man die Nuss wieder und arbeitet in das untere Teil eine Wulst ein, die als Deckelhalter fungiert. Diese Wulst wird innen am Rand angeschlickert, ein Teil dieser Wulst soll über den Rand hinausragen.

Diese Wulst wird nach innen hin verstrichen und außen geglättet. Jetzt wird der Deckel wieder aufgesetzt. Mit einem Modellierstäbchen wird eine Struktur eingeritzt und eingedrückt.
Aus einer kleinen Tonkugel wird eine Nuss geformt und als Griff oben aufgeschlickert.

Beim Trocknen bleiben beide Nusshälften aufeinander, dann werden sie ebenfalls aufeinander in den Schrühbrand gegeben. Allerdings sollte man zuvor noch einmal prüfen, ob der Deckel nicht zu eng aufsitzt. Sollte das der Fall sein, kann man sehr, sehr vorsichtig an den entsprechenden Stellen Ton am Innenrand des Deckels mit grobem Schleifpapier wegschleifen. Nach dem Schrühbrand werden die Teile glasiert und einzeln in den Glasurbrand gegeben.

Plattentechnik

Die Plattentechnik ist für den Hobbytöpfer eine der einfachsten und effizientesten Techniken, denn sie bietet vielfältige Gestaltungsmöglichkeiten. Man braucht nur den Rand hochzubiegen und hat im Handumdrehen einen Teller oder eine Schüssel geformt.

Tonplatten kann man auf verschiedene Weise herstellen, entweder durch Abschneiden vom Blätterstock oder durch Ausrollen. Da ich gute Erfahrungen mit dem Ausrollen gemacht habe, wird diese Methode hier genau erklärt:

Schneiden Sie von Ihrem Tonhubel mit dem Schneidedraht ein Stück Ton ab. Legen Sie dieses Stück auf eine Pressspanplatte, und bereiten Sie es zum Ausrollen vor, indem Sie es mit dem Handballen von der Mitte aus gleichmäßig nach außen drücken. Drehen Sie den Tonbatzen herum und drücken Sie ihn nochmal von der Mitte aus nach allen Außenseiten. Denken Sie dabei auch schon an die Form der Platte. Nun ist das Tonstück im Durchmesser größer geworden.

Nehmen Sie jetzt Ihr Rollholz (Nudelholz), und rollen Sie von der Mitte her mit gleichmäßigem Druck den Ton zu den Seiten aus, bis die Tonstärke ca. einen guten Zentimeter beträgt. Während des Ausrollens muss die Tonplatte häufig gewendet werden, damit sie nicht auf der Platte festklebt.

Große Platten verziehen sich gerne beim Trocknen und Brennen, deshalb ist eine Masse mit Schamotteanteil, z. B. 2505, oder bei Platten ab 35 cm Durchmesser 2510 oder 4005 geeignet.

Kantenhocker *

Material

- weiß brennender Ton
- Glasuren in Weiß, Feuerrot, Chinabeige, Blau und Schwarz
- Schablone

Anleitung

Rollen Sie den Ton ca. ¾ cm stark aus und schneiden Sie gemäß der Zeichnungen auf S. 62/63 die zweiteiligen Formen aus. Nun werden die Detaillinien eingeritzt. Im Anschluss werden die beiden Figurenhälften aneinandergearbeitet: die Oberteile an der Unterkante der Vorderseite und die Unterteile an der Oberkante der Rückseite. Sie überlappen sich um etwa 1 cm. Der Ton muss dazu gut aufgeraut und satt mit Schlicker eingestrichen werden. Die Unterteile der Figuren müssen beim Trocknen mit kleinen Tonresten unterlegt werden, damit sie nicht absacken. Nach dem Schrühbrand werden sie glasiert und in den Glasurbrand gegeben.

Füllhorn *

Das Füllhorn hat unter dem Umschlag Öffnungen, um ein Schmuckband durchzuziehen. Da es in einem hellen Beigeton glasiert ist, passt es sich mit einem Band in der entsprechenden Farbe der jeweiligen übrigen Dekoration an.

Material

- weiß brennender Ton, Typ 2505
- Glasur in Beige
- Dekoband

Anleitung

Fertigen Sie sich aus Papier eine Schablone in der von Ihnen gewünschten Größe so an: Aus einem Kreis mit 27 cm Radius wird ein Viertelkreis ausgeschnitten. Dieser Viertelkreis ist Ihre Schablone. Nach der Schablone wird eine Tonplatte, etwa 3/4 cm stark, ausgeschnitten, die, nachdem man die geraden Längsseiten gut angeraut, geschlickert und zusammengedrückt hat, zum Kegel aufgestellt wird. Ein dünnes Wülstchen, das in die Naht des Kegels von innen und außen gestrichen wird, stabilisiert ihn zusätzlich. Legen Sie den Kegel so auf Ihre Arbeitsplatte, dass die Naht unten liegt und stopfen sie ihn mit Zeitungspapier aus, damit er nicht zu flach zusammensackt. Die Spitze wird leicht rund gebogen, sodass das Gefäß seine hornartige Form erhält. Die Kante wird oben etwa 1 cm tief eingeschnitten und dann nach außen umgebogen. Gerade um die Schnittstelle herum muss die Kante sorgfältig bearbeitet werden, damit der Ton beim Trocknen nicht reißt. Wenn man die Möglichkeit hat, das Horn ein paar Stunden

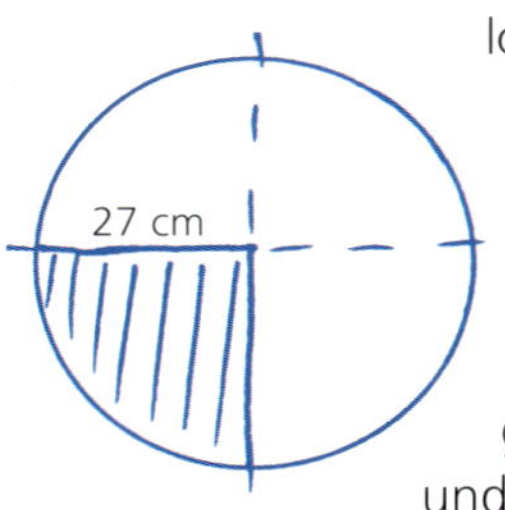

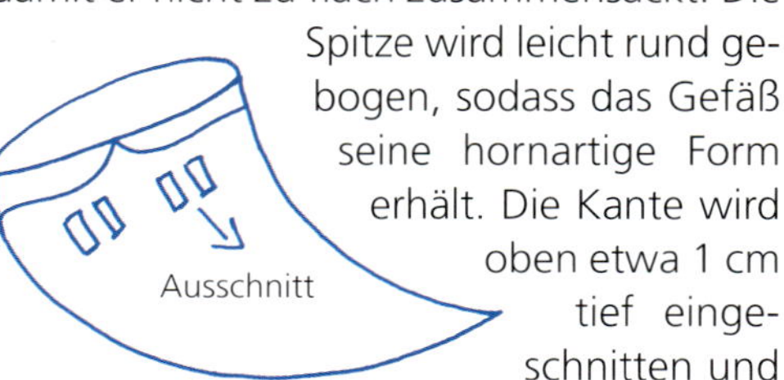

(ca. 3 bis 5 Stunden) liegen zu lassen, sollte man das tun, denn dann verformt sich die Grundform beim Ausschneiden der rechteckigen Löcher nicht mehr zu stark.
Nach dem Trocknen wird das Papier entfernt und das Füllhorn wird in den Schrühbrand gegeben, danach glasiert und in den Glasurbrand gegeben. Abschließend lässt es sich mit einem passenden Dekoband wirkungsvoll dekorieren.

Dekoschale *

Die Schale wurde passend zum Füllhorn glasiert und ebenfalls mit Öffnungen zum Durchziehen eines Schmuckbandes versehen. Zusammen bilden Schale und Füllhorn eine einheitliche Dekoration

Material

- weiß brennender, leicht schamottierter Ton
- Glasur in Beige
- Dekoband

Anleitung

Für die Schale rollen Sie eine Tonplatte von 30 cm Durchmesser aus und biegen den Rand etwas hoch. Stützen Sie den Rand rundherum mit einem weichen Tuch ab, damit er nicht absackt. Wenn man die Möglichkeit hat, die Schale für einige Stunden ruhen zu lassen, sollte man dies tun, denn dann verformt sie sich nicht mehr zu sehr beim Ausschneiden der rechteckigen Löcher. Die rechteckigen, länglichen Öffnungen zum Durchschieben des Schmuckbandes nach dem Brennen werden paarweise angeordnet. Nach dem Trocknen wird die Schale in den Schrühbrand gegeben, danach werden mit grobem Schleifpapier evtl. Tonkrümel entfernt, dann wird sie wie abgebildet glasiert und in den Glasurbrand gegeben.

Adventstopf**

Dieser Übertopf ist vielseitig verwendbar. Bestückt man den extra getöpferten Kerzenhalter im Rand des Topfes mit farblich passenden Kerzen, so hat man einen stilvollen Ersatz für einen Adventskranz.

Material

- rot brennender Ton
- Glasur in Beige

Anleitung

Aus einer etwa 3/4 cm starken Tonplatte schneidet man sich einen Boden für das Gefäß aus, der Durchmesser beträgt 11 cm. Darauf bringt man durch Anrauen und Schlickern eine Tonwand von 11 cm Höhe und ca. 33 cm Länge an, die Seitennaht wird ebenfalls durch Anrauen und Schlickern geschlossen und sollte auch noch mit einem zusätzlichen Tonwülstchen, das innen und außen gut verstrichen wird, stabilisiert werden. Der Rand des Topfes wird leicht nach außen gebogen. Für den Rand benötigt man eine Tonplatte von 30 cm Durchmesser. Die Ränder dieses Tonkreises werden außen geglättet. Nun wird der Topf umgekehrt auf die Mitte der Platte gestellt. Der Durchmesser oben beträgt 13 cm.

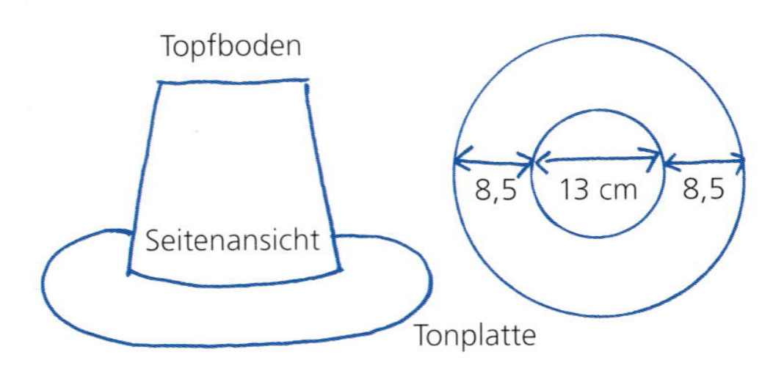

Markieren Sie mit einem dünnen Strich, wo der Topf aufgesetzt wird, entfernen Sie den Topf und schneiden Sie die Mitte grob heraus, und zwar nicht genau an der Linie entlang, sondern mehr zur Mitte hin. Rauen Sie die Tonplatte im Bereich des Topfaufsatzes an, auch der Rand des Topfes wird angeraut und eingeschlickert. Nun wird der Topf auf den Tonkreis gedrückt. Um die Ansatzstelle herum wird eine dünne Tonwulst gelegt und gut in die Naht gestrichen.
Jetzt erst wird der Topf umgedreht. Nun kann man mit dem Töpfermesser den überstehenden Innenrand abschneiden und versäubern. Den überstehenden Rand sollte man mit Tonwülsten abstützen, damit er nicht absackt.
Nun werden in regelmäßigem Abstand 4 Löcher von etwa 5 cm Durchmesser in den überstehenden Rand geschnitten. Sie dienen als Halter für die Kerzenständer.
Aus vier gleich großen Kugeln von etwa 4 cm Durchmesser werden die Kerzenhalter geformt. Man drückt die Kugeln nach innen ein, zieht den Rand hoch und biegt ihn nach außen. Zwischendurch probiert man immer wieder, ob die Halter in die ausgeschnittenen Löcher des Randes passen.
Wickeln Sie den abstehenden Rand mit dünner Folie ein, damit er gleichmäßig trocknet. Nach 3 Tagen können Sie die Folie entfernen und den Topf auf den Kopf stellen, damit auch der Boden gut durchtrocknet. Dann wird der Topf mit den Kerzenhaltern in den Schrühbrand gegeben, danach werden etwaige scharfe Kanten mit grobem Schleifpapier weggeschliffen. Der Topf wird ebenso wie die Kerzenhalter in Beige glasiert. Topf und Kerzenhalter werden in den Glasurbrand gegeben, wobei die Kerzenhalter natürlich nicht in den Öffnungen stehen bleiben dürfen, sondern extra in den Ofen gestellt werden müssen.

Apfelbräter***

Material

- rot brennender Ton
- Glasuren in Grün und Transparent
- Gipshalbkugel, 10 cm Durchmesser

Anleitung

Schneiden Sie sich zunächst nach der Zeichnung eine Schablone für die Bodenplatte zu.

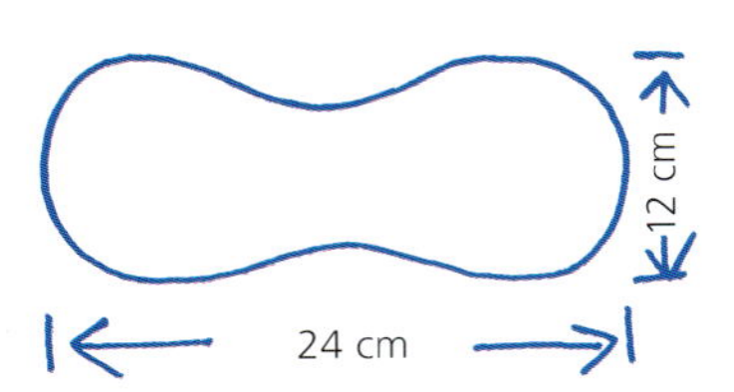

Nun wird aus einer etwa 1 cm starken Tonplatte diese Schablone zweimal ausgeschnitten, und zwar einmal für den Boden und einmal für den Deckel. Für die Wandung wird ein 8 cm breites und 60 cm langes Rechteck zugeschnitten. Natürlich kann man für die Wandung auch zwei Rechtecke in der Größe 8 x 30 cm zuschneiden; so lässt es sich leichter handhaben. Durch sorgfältiges Anrauen und Schlickern wird die Wandung mit der Bodenplatte verbunden. Falls Sie die Wandung in zwei oder gar drei Stücke geteilt haben, müssen natürlich auch diese Nahtstellen sorgfältig aneinander gearbeitet werden. Zur besseren Stabilität sollten noch dünne Tonwülstchen in alle Nähte gestrichen werden. Nun drückt man die Wandung von innen her leicht und vorsichtig nach außen, sodass sie sich leicht nach außen wölbt.
Anschließend wird der Deckel geformt. Dazu benötigt man auch zwei Tonhalbkugeln von 10 cm Durchmesser, gehen Sie hier nach der Grundanleitung für Kugelformen vor. Auf die Deckelplatte, die dieselbe Form hat, wie die Bodenplatte, werden beide Halbkugeln nebeneinander durch Anrauen und Schlickern aufgearbeitet.

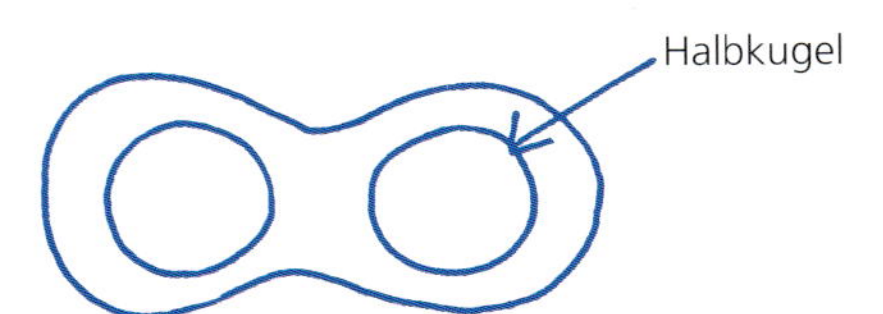

Nun wird der Deckel umgedreht, um den Ton der Bodenplatte im Bereich der Halbkugeln herauszuschneiden. Die Ansatzstellen der Halbkugeln können nun von der Rückseite her gut geglättet werden.
Danach drückt man von oben eine Vertiefung in die Halbkugeln und modelliert die Apfelstiele mit einem Tonwülstchen an. Auch die Blätter, die man aus einer Tonplatte ausschneidet, werden unten am Stiel platziert. Nun sticht man noch zwei etwa 3–4 mm große Löcher in den Deckel, damit – bei Gebrauch – der Dampf entweichen kann. Eine etwa 1½ cm starke Tonwulst wird nun um den Deckel herum befestigt. Setzen Sie den Deckel jetzt auf das Gefäß und probieren Sie aus, ob er gut passt; eventuell notwendige Korrekturen kann man jetzt noch vornehmen. Lassen Sie den Deckel auf dem Gefäß, wenn Sie weiterarbeiten, und drücken Sie mit einem Modellierstab diagonale kurze Linien in die Wulst, sodass ein Korbmuster entsteht. Nun verdrehen Sie zwei etwa 20 cm lange Wülste zu einer Kordel und befestigen sie als Henkel zwischen den Äpfeln auf dem Deckel. Durch die Wulst, die um den Deckel herumläuft, hat der Deckel einen guten Sitz und festen Halt. Wenn der Deckel zu fest aufsitzt, so kann man das Gefäß leicht nach innen drücken.

Nach dem Trocknen wird der Apfelbräter geschrüht, danach werden die Blätter und die Stiele grün glasiert, das Gefäß wird innen transparent oder grün glasiert. Anschließend wird er bei 1060 Grad noch einmal gebrannt.

Adventskranz**

Diesen Adventskranz kann man mit Tannenzweigen oder Gewürzen füllen. Letztes Jahr habe ich in der Vorweihnachtszeit in vielen Blumengeschäften und Supermärkten Christsterne in ganz kleinen Töpfen gesehen. Diese würden auch gut in den Keramikkranz hineinpassen. Stellt man noch 4 dicke Stumpenkerzen dazu, hat man eine ganz besondere Adventsdekoration. Wenn man den Kranz mit Wasser füllen will, muss man allerdings bedenken, dass der Kranz zwar ein oder zwei Tage lang das Wasser hält, dann aber meistens – aufgrund der geringen Brenntemperatur – unten Feuchtigkeit abgeben kann. Deshalb sollte man ihn vorsichtshalber auf eine große Glasplatte (Tortenplatte) oder ein dickes Tuch legen und ab und zu prüfen, ob es zum Feuchtigkeitsaustritt kommt.

Material

- rot brennender Ton
- Glasuren in Grün und Hellbraun

Anleitung

Aus einer ¾ cm starken Tonplatte wird ein Kreis von 24 cm Durchmesser ausgeschnitten.

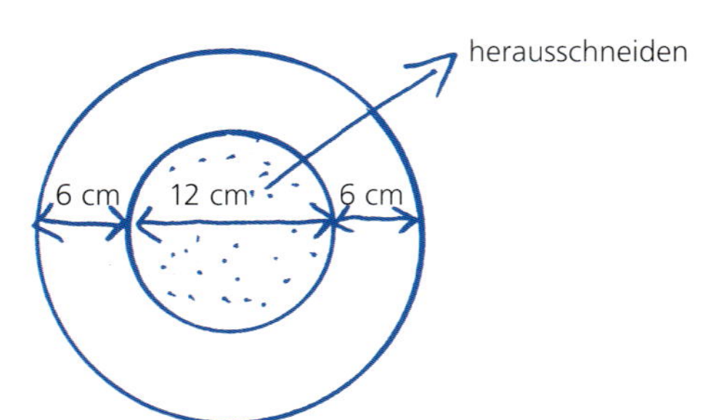

Gemäß der Zeichnung wird aus diesem Tonkreis ein Innenkreis ausgeschnitten.
Auf die Kanten des Außenkreises wird ein Tonsteg von 7 cm Höhe und 75 cm Länge angebracht, auf die Außenkanten des Innenkreises ein Steg von 7 cm Höhe und etwa 36 cm Länge.
Um einen Tonsteg zu fertigen, formt man mit der Hand eine grobe dicke Wulstform und rollt diese auf einer Pressspanplatte vor und zurück. Beim Rollen gehen die Hände von der Mitte aus getrennt nach links und rechts zum jeweiligen Wulstende. Mit der Handkante wird der Wulst zu einem Steg geschlagen. Die Stegdicke sollte einen guten Zentimeter betragen. Um einen gleichmäßig starken Steg zu erhalten, kann man mit dem Rollholz auch mehrmals vorsichtig von der Mitte aus zu den Enden darüber rollen. Diese Stege werden nun entsprechend den Maßangaben zugeschnitten und durch Anrauen und Schlickern auf der Bodenplatte befestigt. Streichen Sie innen noch dünne Tonwülstchen in die Ansatzstellen, um einen stabilen Aufbau zu erhalten. Die Oberkanten werden nun wellig abgeschnitten.

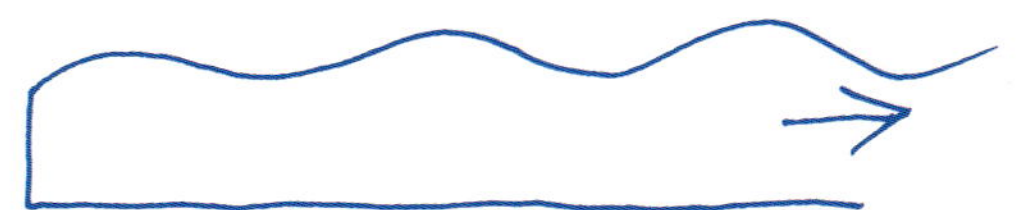

Die Außenkanten werden leicht nach außen umgebogen, die Innenkanten nach innen. Nach dem langsamen Trocknen erfolgt der Schrühbrand, danach wird der Kranz glasiert und in den Glasurbrand bei 1060 Grad gegeben.

Achtteiliger Adventskranz**

Dauerhafte Adventskränze sind in der Regel sperrig – meistens weiß man nach Weihnachten nicht wohin damit. Das ist bei diesem Kranz kein Problem, denn er besteht aus 8 Teilen und lässt sich nach dem Fest problemlos im Schrank verstauen. Gefüllt mit einem weihnachtlichen Gewürzpotpourri, Nüssen oder Dekomaterial und hübschen Kerzen macht er sich gut als Ersatz für einen echten Tannenkranz. Außerdem kann man mit den Kerzenhaltern noch etwas variieren; man kann z. B. drei schlichte Halter und den Halter in Form eines Christsterns verwenden.

Material

- rot brennender Ton
- Glasuren in Hellbeige, Grün, Hellbraun und Feuerrot

Anleitung

Schneiden Sie aus einer runden Tonplatte von etwa ½ cm Stärke den Tonring nach der Zeichnung zu.

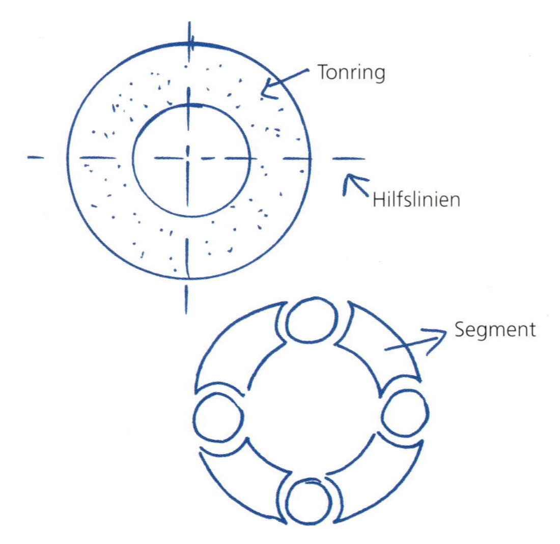

Unter Beachtung der Zeichnung wird der Tonring in Segmente geschnitten, d. h. es ergeben sich die vier runden Scheiben als Boden für die Kerzenhalter und die vier Böden für die Kranzstücke. Nun schneiden Sie aus einer ½ cm starken Platte die Wandungen 2 cm breit für die Kranzstücke zu. Schneiden Sie die Wandungen für die Stirn- und die Seitenwände in entsprechend lange Stücke. Durch gutes Anrauen und Schlickern werden die Wände auf den Bodenplatten befestigt.

Die Stege für die Kerzenhalter sind ca. 20 cm lang und 5 cm hoch. Auch sie werden auf die runden Bodenplatten montiert. Der Rand wird nach außen gebogen.

Hier wurde noch ein weiterer Kerzenhalter in Form einer Christsternblüte geformt. Zunächst benötigen Sie einen Kerzenhalter wie zuvor beschrieben. Aus einer Tonplatte werden gemäß der Zeichnung je 4 Blätter ausgeschnitten.

Befestigen Sie zuerst die großen auf dem Rand des Kerzenständers, versetzt darüber die kleinen.

Der Adventskranz sollte unter einer Lage Zeitungspapier langsam trocknen, damit er sich nicht verzieht und die dünnen Ränder der Kerzenständer nicht einreißen.

Ist der Kranz trocken, wird er in den Schrühbrand gegeben, danach gemäß der Abbildung glasiert und bei 1060 Grad zum zweiten Mal gebrannt.

Engel-Windspiel *

Diese Engel sind von der Vorder- und der Rückseite gleichermaßen hübsch anzusehen. Man kann immer einen Engel und einen Stern zusammenhängen, oder auch alle Engel und Sterne an einer Kordel befestigen, sodass sie untereinander hängen.

Material

- weiß brennender, leicht schamottierter Ton
- Glasuren in Blau, Weiß, Honiggelb und Feuerrot
- Band zum Aufhängen
- Ausstechförmchen Stern

Anleitung

Rollen Sie den Ton ca. 3/4 cm stark aus und schneiden Sie gemäß der Zeichnungen auf S. 62 die Engelform aus. Die Hände und Füße werden aus flachgedrückten kleinen Kugeln geformt und angeschlickert. Nun werden die Detaillinien eingeritzt und die Sterne leicht in den Saum des Gewandes eingedrückt. In den Engelflügel und an der Unterkante des Engels werden mittig Löcher gestochen, damit man später die Bänder zum Aufhängen durchziehen kann. Mit einem Ausstechförmchen wird ein Stern aus einer Tonplatte ausgestochen.
Der Engel sollte unter einer Lage Zeitungspapier trocknen, damit sich die Kanten nicht hochbiegen. Nach dem Schrühbrand wird er glasiert. Das erfordert ein wenig Geduld, da er viele Details aufweist. Damit er von der Vorder- und Rückseite ansehnlich ist, wird auch die Rückseite dünn glasiert und auf einem Metalldreifuß in den Schrühbrand gesetzt.

Windlicht-Kegel**

Dieses Windlicht könnte auch im Sommer auf der Terrasse leuchten. Auf dem Titelbild finden Sie das gleiche Windlicht mit grüner Glasur abgebildet. Will man es ganz weihnachtlich gestalten, so kann man anstelle der vielen runden Öffnungen auch sternförmige Öffnungen ausschneiden.

Material

- weiß brennender Ton
- Glasur in Hellbeige
- Apfelausstecher oder kleines Rundholz

Anleitung

Fertigen Sie zuerst für die Wandung eine Papierschablone nach der Zeichnung an.

27 cm

aus-
schneiden

Schneiden Sie von Ihrem Tonhubel mit dem Schneidedraht ein ca. 3 cm starkes Stück ab. Legen Sie dieses Stück auf eine Pressspanplatte und rollen Sie es mit dem Rollholz von der Mitte zu den Seiten hin zu einer etwa 1 cm starken runden Platte aus. Schneiden Sie die Platte rund zu; der Durchmesser sollte etwa 20 cm betragen.

Schneiden Sie von Ihrem Tonhubel einen weiteren Batzen in der Stärke von ca. 10 cm ab. Nehmen Sie jetzt Ihr Ausrollholz (Nudelholz) und rollen Sie von der Mitte her mit gleichmäßigem Druck den Ton zu den Seiten aus bis die Tonstärke ca. einen knappen Zentimeter beträgt. Während des Ausrollens muss die Tonplatte häufig gewendet werden, damit sie nicht auf der Platte festklebt. Legen Sie nun die Schablone auf die Tonplatte und schneiden Sie diese Form mit einem spitzen Messer aus.

Lassen Sie nun beide Tonplatten ca. 2 Stunden offen liegen, damit sie etwas antrocknen und somit auch stabiler werden. Rauen Sie alle Ränder mit der Gabel auf.

Richten Sie nun die ausgeschnittene Platte zum Kegel auf, wobei die beiden kurzen Seitenränder aufeinander treffen müssen. Arbeiten Sie langsam und gleichmäßig, damit die Platte nicht reißt. Geben Sie mit dem Pinsel Schlicker auf die Seitennaht, und drücken Sie zur zusätzlichen Stabilität noch ein dünnes Tonröllchen in die Nahtstelle. Verschmieren Sie das Tonröllchen gewissenhaft zu beiden Seiten. Dieses Röllchen haftet an beiden Seiten und bildet ein sicheres Verbindungsglied. Diesen Arbeitsgang nennt man auch Verfugen.

(Dieses Anrauen und Schlickern wird immer dann vorgenommen, wenn lederharter Ton mit plastischem Ton verbunden werden soll und wenn lederharter mit ebenfalls lederhartem Ton verbunden wird. Auch wenn sich die Tonkonsistenz zwischen lederhart und plastisch bewegt, sollte man diese Verbindungsmethode anwenden. Anrauen oder Ankratzen bewirkt zum einen, dass das Wasser an diesen Stellen gut in den Ton eindringen kann, und zum anderen, dass die zu verbindenden Stellen besser miteinander verkleben.)

Legen Sie das Kegeloberteil nun so auf die Arbeitsplatte, dass die Nahtstelle auf der Platte liegt. Halten Sie den Kegel mit einer Hand fest, und verschmieren Sie die Nahtstelle mit der anderen Hand auf der Innenseite. Rauen Sie nun den äußeren Rand der Bodenplatte auf der Oberseite gründlich an, schlickern sie, und setzten Sie den Kegel mit leichtem Druck auf die Bodenplatte. Herausquellenden Schlicker verstreichen Sie

gleichmäßig mit dem Finger und arbeiten zur weiteren Stabilität noch ein dünnes Tonröllchen in die Nahtstelle ein. Schneiden Sie nun überstehende Ränder von der Bodenplatte einfach bündig mit dem Kegel ab.

Glätten Sie die Naht mit dem Finger. Da man auf der Innenseite des Kegels die Wandung mit dem Boden nicht verschmieren kann, muss man die gerade beschriebenen Arbeitsgänge sorgfältig ausführen.

Nun können Sie mit einem runden Holzstäbchen oder einem Lochstecher, es kann auch ein Apfelausstecher sein, viele Lichtaustritte in den Kegel hineinstechen. Auch das Türchen wird ausgeschnitten. Da es aber später wieder eingesetzt wird und mit Draht befestigt werden soll, sticht man zwei „Türangeln“ in den Ton, d.h. zwei kleine Löcher in den Kegel und zwei kleine Löcher gegenüberliegend in die Tür. Für die Türklinke wird ein Loch mittig in die Tür und eins gegenüberliegend gestochen.
Nun wird oben auf die Kegelspitze etwas Ton für die Aufhängung gearbeitet. Dazu schneidet man von der Spitze 1 cm Ton ab, raut die Spitze gut auf und setzt ein Stück Ton darauf, das nun gut angedrückt und in Form modelliert wird. Schließlich wird noch ein Loch durch diese Spitze gestochen, denn daran wird das Windlicht später aufgehängt.
Während des Trocknungsprozesses sollte das Türchen in der Türöffnung verbleiben. Nach dem Schrühbrand werden Tonkrümel rund um die einzelnen Löcher mit grobem Schleifpapier abgeschliffen. Auch der Rand des Türchens muss noch nachgeschliffen werden, falls es zu stramm in der Öffnung sitzt. Danach wird die Glasur aufgetragen, man glasiert dabei entweder nur die Außenseite des Kegels, ohne die Löcher innen zu glasieren, oder glasiert die Löcher ebenfalls rundherum. Anschließend wird das Windlicht in den Glasurbrand gegeben.

Nikolaus **

Dieser Nikolaus hat durch seine Kegelform eine gute Standfläche.

Material

- rot brennender Ton
- Glasuren in Weiß, Feuerrot, Chinabeige, Hellbraun und Schwarz

Anleitung

Die Schablonen für den Körper des Nikolauses können in verschiedenen Größen leicht selber angefertigt werden, und zwar so: man zeichnet sich einen Kreis mit einem bestimmten Radius auf, hier 25 cm, und schneidet ein Drittel Segment als Schablone aus. Nun wird eine Tonplatte ausgerollt und entsprechend der gefertigten Schablone zugeschnitten. Die Platte wird zum Kegel aufgestellt, die geraden Seiten werden durch Anrauen, Schlickern und Verstreichen eines Tonwülstchens gut miteinander verbunden. Als Kopf dient eine Kugel von etwa 7 cm Durchmesser, die durch gutes Anrauen und Schlickern auf die Kegelspitze gedrückt wird. Für die Arme und Hände werden zwei 2 cm starke kurze Wülste geformt und angeschlickert.
Die Augen werden nur mit einem Schaschlikstäbchen eingestochen, die Nase wird aus einer Kugel geformt und aufgeschlickert. Haare und Bart werden aus einer dünnen Tonplatte entsprechend der Zeichnung ausgeschnitten und dem Gesicht angepasst,

dann mit Schlicker darauf befestigt. Der Pelzbesatz wird aus etwa 1 cm starken Wülsten aus weißem Ton zunächst ausgerollt, dann am Saum und den Ärmeln, sowie um den Hals und mittig senkrecht angeschlickert. Dann werden die Wülste alle etwas flachgedrückt.

Zipfel

Aus einer Tonplatte wird die Mütze in Form eines Dreiecks ausgeschnitten. Die Platte sollte besser etwas dicker sein, als zu dünn, damit man noch genug Masse zum Formen hat.

Jetzt sticht man mit dem Apfelausstecher ein Loch oben in die Kopfkugel und befestigt die Mütze auf dem Kopf. Hierzu braucht man etwas Geduld, bis die Mütze richtig sitzt. Man formt das Mützenende zu einer schönen Spitze und schlickert eine runde Kugel daran. Auch am Mützenrand wird eine Wulst aus weißem Ton als Pelzbesatz angebracht.

Aus einer Tonplatte von etwa 16 cm Durchmesser wird der Rucksack geformt und auf dem Rücken direkt an den Körper angeschlickert. Eine kleine halbrunde Tonplatte dient als Rucksackklappe. Aus schmalen dünnen Tonstreifen werden cie Trageriemen ausgeschnitten und angeschlickert. Falls zwischen Tonkörper und Rucksack ein Hohlraum entstanden ist, was dem Rucksack ein schönes pralles Aussehen gibt, muss man von unten ein Loch in den Rucksack stechen, damit eingeschlossene Luft beim Trocknen und Brennen entweichen kann. Nun muss der Nikolaus trocknen und wird dann in den Schrühbrand bei 900 Grad gegeben. Bevor Sie mit einem Borstenpinsel die Glasuren auftragen, schleifen Sie Tonkrümel mit grobem Schleifpapier weg. Das Gesicht wird chinabeige glasiert, die Nase rot, alle anderen Glasuren sieht man deutlich auf dem Foto. Nun wird der Nikolaus erneut im Glasurbrand bei 1070 Grad gebrannt.

Nikolaus mit Schlenkerbeinen**

Die Beine dieses originellen Weihnachtsboten sind extra geformt und gebrannt. Sie werden mit einem Draht oder einer Kordel in den Kegel gehängt. Der Nikolaus wird mit einer Kordel, die durch Kopf und Körper geführt wird, aufgehängt.

Material

- weiß brennender, leicht schamottierter Ton
- Glasuren in Feuerrot, Weiß, Chinabeige, Blau, Schwarz und Hellbraun
- Draht
- Kordel zum Aufhängen

Anleitung

Die Schablone für den Körper kann in verschiedenen Größen leicht selber angefertigt werden. Hierfür gilt folgende Vorgehensweise: man zeichnet sich einen Kreis mit einem bestimmten Radius auf, hier 18 cm, und schneidet ein Drittel Segment als Schablone aus.

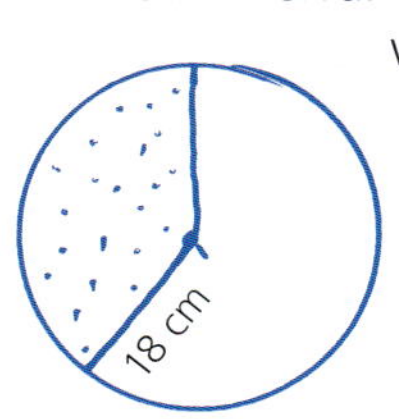

Nun wird eine Tonplatte ausgerollt und entsprechend der gefertigten Schablone zugeschnitten. Die Platte wird zum Kegel aufgestellt, die geraden Seiten werden durch Anrauen, Schlickern und Verstreichen eines Tonwülstchens gut miteinander verbunden. Als Kopf dient eine Kugel von etwa 6 cm Durchmesser, die durch gutes Anrauen und Schlickern auf die Kegelspitze gedrückt wird. Für die Arme und Hände werden zwei 1 ½ cm starke kurze Wülste geformt und angeschlickert.

Die Augen werden nur mit einem Schaschlikstäbchen eingestochen, die Nase wird aus einer Kugel geformt und aufgeschlickert. Haare und Bart werden aus einer dünnen Tonplatte entsprechend der Zeichnung ausgeschnitten, dem Gesicht angepasst und dann mit Schlicker darauf befestigt. Der Schnurrbart wird aus zwei dünnen Tonwülstchen geformt und ebenfalls mit Schlicker befestigt.

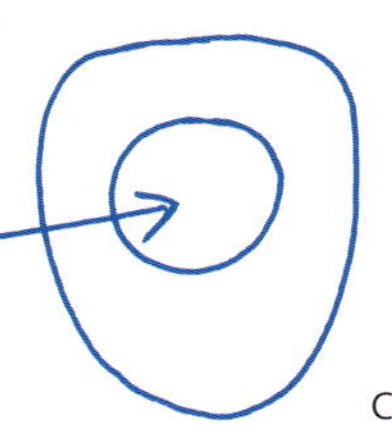

Der Pelzbesatz wird aus etwa 1 cm starken Wülsten aus weißem Ton zunächst ausgerollt, dann am Saum und den Ärmeln, sowie um den Hals und mittig senkrecht angeschlickert. Dann werden die Wülste alle etwas flachgedrückt.

Zipfel

Aus einer Tonplatte wird die Mütze in Form eines Dreiecks ausgeschnitten. Die Platte sollte besser etwas dicker sein, als zu dünn, damit man noch genug Masse zum Formen hat.

Jetzt sticht man mit dem Apfelausstecher ein Loch oben in die Kopfkugel und befestigt die Mütze auf dem Kopf. Hier braucht man etwas Geduld, bis die Mütze richtig sitzt. Man formt das Mützenende zu einer schönen Spitze und schlickert eine runde Kugel daran. Auch am Mützenrand wird eine Wulst aus weißem Ton als Pelzbesatz angebracht.

Aus einer Tonplatte von etwa 15 cm Durchmesser wird der Rucksack geformt und auf dem Rücken direkt an den Körper angeschlickert. Eine kleine halbrunde Tonplatte dient als Rucksackklappe. Aus schmalen dünnen Tonstreifen werden die Trageriemen ausgeschnitten und angeschlickert. Falls zwischen Tonkörper und Rucksack ein Hohl-

raum entstanden ist, was dem Rucksack ein schönes pralles Aussehen verleiht, muss man von unten ein Loch in den Rucksack stechen, damit eingeschlossene Luft beim Trocknen und Brennen entweichen kann.
Ganz zuletzt werden die Beine aus zwei gleich langen Tonwülsten geformt. Mit einem Modellierholz müssen die Feinheiten, wie Stiefel und Pelzbesatz, durch Ritzen und Drücken modelliert werden. Nun werden beide Beine dicht nebeneinandergelegt, oben zusammengedrückt und gut miteinander verbunden. Zuletzt wird oben quer ein Loch

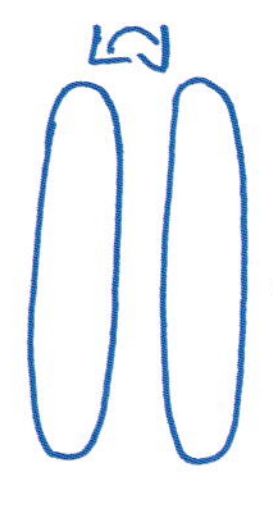

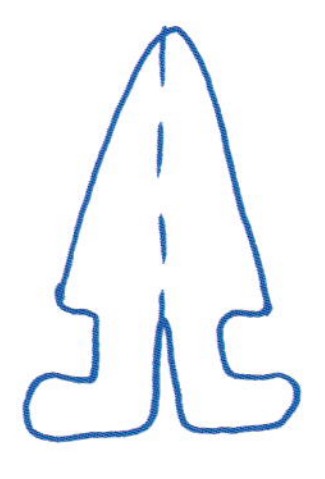

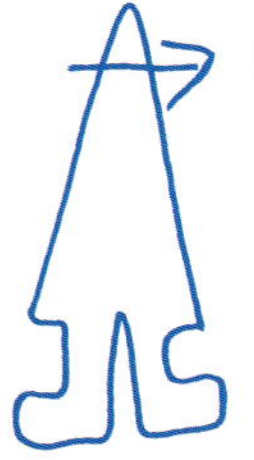

durchgestochen, damit man später die Beine in den Körper einhängen kann.
Nun muss der Nikolaus trocknen und wird dann in den Schrühbrand bei 900 Grad gegeben. Bevor Sie mit einem Borstenpinsel die Glasuren auftragen, schleifen Sie Tonkrümel mit grobem Schleifpapier weg. Das Gesicht wird in Chinabeige glasiert, die Nase in Rot, alle anderen Glasuren werden gemäß der Abbildung aufgetragen. Nun wird der Nikolaus erneut im Glasurbrand bei 1070 Grad gebrannt.

Potpourri-Schale**

Die Potpourri-Schale mit Deckel hat einen Durchmesser von 15 cm und eine Höhe von 5 cm. Bewahrt man ein Duftpotpourri darin auf, staubt es nicht ganz so schnell ein, als wenn es in einer offenen Schale liegt. Außerdem sieht der Deckel mit den ausgestochenen Sternen richtig weihnachtlich aus, und der Zimt-, Mandel- und Orangenduft kann sich durch die Öffnungen optimal entfalten.

Material

- rot brennender Ton
- Glasuren in Schwarz und Rot
- Porzellanschüsselchen oder Metallschüssel als Formhilfe

Anleitung Schale

Kleiden Sie eine entsprechend große Schüssel aus Ihrem Haushalt innen mit einem weichen Küchen- oder einem Mulltuch aus, damit der Ton nicht daran kleben bleibt. Rollen Sie den Ton ¾ cm stark aus, und legen Sie die Schüssel damit aus. Die Tonstücke sollen sich leicht überlappen. Ist der Ton sehr nass, genügt es, die Ansatzstellen gut zusammen zu drücken, sodass eine gute Verbindung entsteht. Wenn der Ton schon etwas trockener ist, tragen Sie Schlicker auf die Verbindungsstellen auf und verquetschen den Ton gut miteinander. Die Schüssel muss innen schön glatt gestrichen werden. Schneiden Sie den Rand oben gerade ab und nehmen Sie die Tonschüssel nach einer etwa dreistündigen Trocknungszeit aus

der Haushaltsschüssel heraus. Nun rollen Sie eine ca. 45 cm lange und 1 cm starke Tonwulst aus und befestigen sie durch Schlickern rund um den oberen Rand, wobei die Tonwulst knapp über den Rand hinausragt. Dann drehen Sie die Schüssel vorsichtig um und arbeiten einen etwa ½ cm starken Tonring als Fuß daran.

Anleitung Deckel

Der Durchmesser des Deckels muss dem Innendurchmesser der Schale samt Wandung genau entsprechen und wird aus einer etwa ½ cm starken Tonplatte ausgeschnitten. Stechen Sie Sterne mit einem kleinen Ausstechförmchen und runde Öffnungen in den Deckel. In die Mitte des Deckels wird ebenfalls ein Loch gebohrt. Nun formt man eine haselnussgroße Kugel, spitzt sie an und befestigt sie mit Schlicker und durch leichten Druck in dem mittleren Loch. Mit Schlicker befestigt hält der Deckelknauf besser, als wenn Sie ihn nur aufsetzen. Wölben Sie den Deckel leicht nach oben, und setzen Sie ihn auf die Schale. Überprüfen Sie den Sitz und führen Sie eventuell erforderliche Korrekturen aus. Stopfen Sie die Schale mit weichem Haushaltspapier (Küchenkrepp) aus, das in der Mitte der Schale über den Rand hinausragt, und setzen Sie den Deckel auf; durch die Papierstütze hält er die gewölbte Form.

Nun wird die Schale mit aufgesetztem Deckel getrocknet. Vor dem Schrühbrand muss das Papier natürlich entfernt werden. Nach dem Schrühbrand werden Unebenheiten und Krümel mit grobem Schleifpapier weggeschliffen. Danach wird die Schale in Rot glasiert, der Deckelknauf jedoch kontrastreich in Schwarz.

Schneemann-Gebäckdose**

Die Gebäckdose hat die Form einer dicken brennenden Kerze. Die „Schneemann-Dekoration" wird nicht in die Dosenwand eingeritzt, sondern aus einer dünnen Platte ausgeschnitten und auf die Dosenwand aufgesetzt.

Material

- rot und weiß brennender Ton
- Glasuren in Weiß, Rot, Schwarz-Weiß, Grün und Gelb

Anleitung

Dazu werden für den Boden und den Deckel runde Platten aus rot brennendem Ton mit einem Durchmesser von 11 cm benötigt. Die Wandung wird aus einer 15 x 35 cm großen Platte aus rot brennendem Ton gefertigt. Der Boden wird an der Außenkante entlang aufgeraut, die Platte für die Wandung wird an allen Kanten rundherum aufgeraut. Nun setzt man die gebogene Wandung auf den aufgerauten und geschlickerten Rand der Bodenplatte und verstreicht innen noch ein dünnes Tonwülstchen zur besseren Stabilität. Auch die Längsnaht der Wand muss mit einem dünnen Wülstchen gut ausgestrichen werden. Die Oberkante wird geglättet. Etwa ½ cm unter der Oberkante wird eine dünne Wulst angeschlickert, die später den Deckel trägt. Der Deckel wird nun angepasst. Sollte er zu wenig Spielraum haben, so schneiden Sie rundherum 1–2 mm Ton ab, glätten Sie dann die Kanten. Bilden Sie aus einer etwa 3 cm dicken Tonkugel die Flamme und schlickern Sie diese auf den Deckel. Nun wird entsprechend der Zeichnung die Dekoration aus einer höchstens ½ cm starken weiß brennenden Tonplatte ausgeschnitten. Im Bereich des Dekors wird die Oberfläche der Dose nun mit der Gabel aufgeraut, auch die Rückseite des Schneemannbildes wird vorsichtig aufgeraut und mit rot brennendem Schlicker auf der Dose befestigt. Das Bild wird gut angedrückt und weiter ausgearbeitet.
Probieren Sie erneut den Sitz des Deckels, und drücken Sie eventuell Unebenheiten wieder zurecht. Lassen Sie den Deckel während des Trocknungsprozesses auf der Dose liegen. Damit er nicht absackt, füllt man zerknülltes Zeitungspapier in die Dose. Nach dem Trocknen wird die Dose mit aufgesetztem Deckel (das Zeitungspapier vorher entfernen) in den Schrühbrand gegeben. Danach werden Unebenheiten und Tonkrümel mit grobem Schleifpapier weggeschliffen. Jetzt kann die Dose entsprechend der Abbildung glasiert und bei 1060 Grad in den Glasurbrand gegeben werden.

Teller und Tasse mit kleinem Bär**

Eine Tasse Kaffee oder Tee aus dieser selbstgemachten Tasse mit einem Gebäckteil von dem selbstgemachten Teller sind ein doppelter Genuss. Natürlich muss man mit diesem Geschirr vorsichtig umgehen, damit man beim Spülen die Bärchen nicht beschädigt.

Material

- rot brennender Ton
- Glasuren in Feuerrot, Weiß und Beige
- vorhandener Dessertteller als Schablone

Anleitung Tasse

Für eine Tasse wird ein 3/4 cm starker, 10 cm breiter und 30 cm langer Tonstreifen, sowie eine runde Tonplatte von 9 cm Durchmesser benötigt. Durch Anrauen und Schlickern wird die lange schmale Platte auf der runden Bodenplatte befestigt. Der Henkel wird aus einer 10 cm langen Wulst geformt und ebenfalls durch Anrauen und Schlickern an der Tasse befestigt. Zusätzlich streicht man dünne Tonwülstchen um die Henkelansätze, damit die Befestigungen stabilisiert werden. Drücken Sie den oberen Tassenrand zwischen Daumen und Zeigefinger beider Hände fest zusammen, sodass er nicht mehr so dick ist.

Jetzt formt man aus Kugeln und kleinen kurzen Tonröllchen, die man gut miteinander verbindet, die Bärenfigur.

Auch die Mütze wird aus einer Kugel, die man nach einer Seite hin spitz auszieht, geformt. Für den Pelzbesatz werden dünne Tonwülstchen geformt und an die Körperkugel angeschlickert. Erst wenn das Bärchen ganz fertig ist, wird es in die Tasse gehängt, wobei es am vorderen Körper gut angeraut wird, wie auch die Berührungsstelle der Tasse gut angeraut wird. Dann erst wird das Bärchen festgeschlickert.

Nun kann die Tasse trocknen. Der Henkel sollte dabei in Folie eingepackt werden. Nach dem Schrühbrand wird die Tasse glasiert und erneut bei 1070 Grad gebrannt.

Anleitung Teller

Für den Dessertteller rollen Sie ein etwa 4 cm dickes Tonstück vom Tonballen von der Mitte her aus, sodass es in etwa schon eine runde Form erhält. Legen Sie nun den Teller auf die Tonplatte, und schneiden Sie die Platte am Tellerrand entlang rund ab. Die Tonplatte hat jetzt nach dem Zuschneiden scharfe Kanten, die nach dem Brennen die Hände verletzen können. Drücken Sie deshalb die Kanten vorsichtig und nur ein wenig flach, damit die scharfe Kante gebrochen wird. Nun wird die Platte gewendet und die rückseitige Kante auch geglättet. Anschließend werden die Kanten ganz knapp hochgebogen. Stellen Sie den Teller nun zur Seite und formen Sie ein zweites Bärchen, wie zuvor beschrieben. Befestigen Sie die kleine Figur durch Anrauen und Schlickern auf dem Teller. Decken Sie eine Lage Zeitungspapier darüber und stellen Sie ihn zum Trocknen an den dafür vorgesehenen Ort.

Kontrollieren Sie den Trocknungsprozess am nächsten Tag. Sind die Ränder schon heller, die Mitte aber noch dunkler, so de-

cken Sie zusätzlich dünne Kunststofffolie auf die Ränder.
Der trockene Teller wird bei 900 Grad in den Schrühbrand gegeben, danach können kleine Unebenheiten mit grobem Schleifpapier weggeschliffen werden. Dann wird zuerst die Figur wie abgebildet glasiert. Ist Glasur daneben gegangen, wird sie nun mit einem kleinen Schwämmchen vom Teller entfernt, dann wird die beigefarbene Glasur aufgetragen. Der Teller wird nun erneut bei 1070 Grad gebrannt.

Werkstücke aus lederhartem Ton

Kerzenbogen**

In die Mitte des Kerzenbogens kann man entweder ein Teelicht oder eine kleine Stumpenkerze einsetzen, man kann den Bogen allerdings auch als Gefäß für einen Tannenast einsetzen. Man sollte allerdings kein Wasser einfüllen, da das Gefäß bei einem Glasurbrand von 1060 Grad Feuchtigkeit abgibt.

Material

- rot brennender Ton
- Glasuren in Beige, Rot, Grün und Braun

Anleitung

Aus einer ca. ¾ cm starken Tonplatte werden zwei Halbkreise und 2 Rechtecke für die Außenwände, sowie 1 Rechteck für die innenliegende Röhre ausgeschnitten.

Nun wird die Röhre rund gebogen, der Durchmesser der Röhre muss locker um ein Teelicht passen. Das Tonrechteck für die umlaufende halbrunde Wand wird in der Mitte mit einer runden Öffnung versehen. Die Platten müssen nun einige Stunden antrocknen, sodass sie sich nicht mehr viel verbiegen.

umlaufende Wand
Öffnung
5 cm
40 cm

Seitenwand 2 x
22 cm

Bodenplatte
5 cm
22 cm

Tipp: Auch hier habe ich für die umlaufenden Seitenwände ein Lineal als Schablone verwendet. Legt man ein entsprechend langes Lineal auf die Tonplatte und umfährt es mit dem Messer, hat man schon eine Wand, die man nur noch auf die entsprechende Länge zuschneiden muss.

Nun legt man einen Tonhalbkreis auf die Arbeitsplatte. Der schmale Boden und die umlaufende schmale Wand werden nun durch Anrauen und Schlickern auf den Halbkreis gesetzt und zusätzlich mit weichem Ton, der in die Nähte gedrückt wird, stabilisiert. Der zweite Halbkreis wird nun ebenso montiert. Drücken Sie den zweiten Halbkreis fest auf, und versäubern Sie die Nahtstellen. Stellen Sie das Objekt nun auf den schmalen Boden, rauen und schlickern Sie die Tonröhre an, und schieben Sie sie durch die mittige obere Öffnung in den Halter ein. Drücken Sie sie gut an, schneiden Sie überschüssigen Ton oben an der Rundung weg, und versäubern Sie die Nahtstellen. Jetzt wird die Dekoration angefertigt. Die Ilexblätter habe ich mit Ausstechförmchen aus einer dünnen Tonplatte ausgestochen, viele kleine Kügelchen gerollt und dünne Tonwülstchen hergestellt. Alles wurde mit Schlicker auf den Kerzenhalter dekoriert. Nach dem Trocknungsprozess gibt man den Kerzenhalter in den Schrühbrand, danach wird er wie abgebildet glasiert und bei 1060 Grad zum zweiten Mal gebrannt.

Dreieckiger Tannenbaum**

Durch die vielen Sterne leuchtet das Licht aus der Vorderseite des Tannenbaumes, die Öffnung für das Einsetzen des Teelichtes wurde mit einem großen Ausstechförmchen in Tannenbaumform ausgestochen.

Material

- weiß brennender Ton
- Glasuren in Grün
- Ausstechförmchen Sterne

Anleitung

Aus einer ca. ¾ cm starken Tonplatte werden nach der Zeichnung zwei Dreiecke und 3 Rechtecke für die Außenwände ausgeschnitten.

Die Platten müssen nun einige Stunden antrocknen, sodass sie sich nicht mehr viel verbiegen.

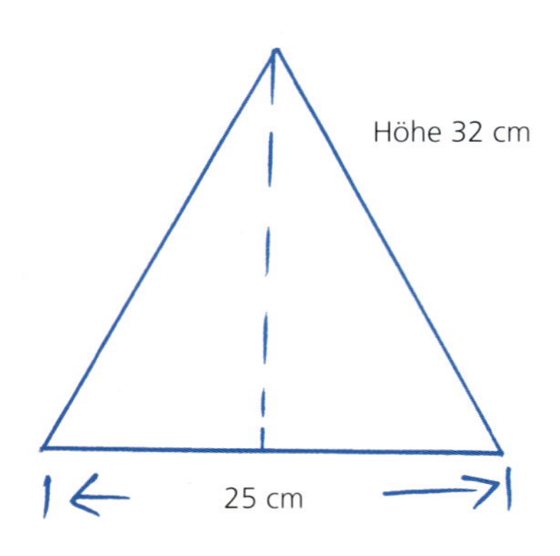

Tipp: Für die umlaufenden Seitenwände habe ich wieder ein Lineal als Schablone verwendet. Legt man ein entsprechend langes Lineal auf die Tonplatte und umfährt es mit dem Messer, hat man schon ein oder zwei Seitenwände in der Grundform vorliegen.

Aus einer dreieckigen Tonplatte werden viele Sterne ausgestochen, allerdings nicht in Richtung Außenkanten, denn sonst kann der Ton leicht im Kantenbereich brechen. Aus der zweiten Dreiecksplatte wird eine große Tanne aus der Öffnung in die untere Mitte der kurzen Seite gestochen.

Die Seitenwände werden nun durch Anrauen und Schlickern auf der Dreiecksplatte mit dem Tannenausschnitt aufgesetzt und zusätzlich mit weichem Ton, der in die Nähte gedrückt wird, stabilisiert. Die zweite Dreiecksplatte mit den ausgestochenen Sternen wird an den Kanten aufgeraut und mit Schlicker bestrichen, dann auf die Konstruktion aufgesetzt und festgedrückt. Nun werden die Nahtstellen versäubert. Wären die verwendeten Tonplatten nicht angetrocknet, sondern noch weich, so würde die zuletzt aufgesetzte Platte nach innen wegsacken.

Nach dem Trocknungsprozess gibt man die Tanne in den Schrühbrand, danach wird sie glasiert und bei 1060 Grad zum zweiten Mal gebrannt.

Eiskristalle**

Diese filigranen Eiskristalle sind ein hübscher Advents- und Weihnachtsschmuck und einfach in der Plattentechnik auch aus kleineren Tonmengen herzustellen.

Material

- weiß brennender Ton
- Glasur in Beige

Anleitung

Der Ton wird zu einer etwa 3–5 mm starken Platte ausgerollt. Nun wird die ausgeschnittene Papierschablone aufgelegt und mit einem spitzen Modellierstäbchen umfahren. Nach Entfernen der Schablone wird die Form mit einem spitzen Messer ausgeschnitten. Ein Loch zum Aufhängen wird in eine Spitze hineingestochen. Die Schnittkanten werden vorsichtig mit dem Finger geglättet. Damit die Kanten sich beim Trocknen nicht hochbiegen, legt man eine Seite Zeitungspapier darauf.

Sind die Kristalle getrocknet, werden sie in den Schrühbrand gegeben und bei 900 Grad gebrannt. Anschließend werden etwaige Tonkrümel vorsichtig mit dem Schleifpapier abgeschliffen, danach werden die Vorderseite und die Kanten der Kristalle beige glasiert und bei 1060 Grad zum zweiten Mal gebrannt.

Engel-Windspiel (S. 42)

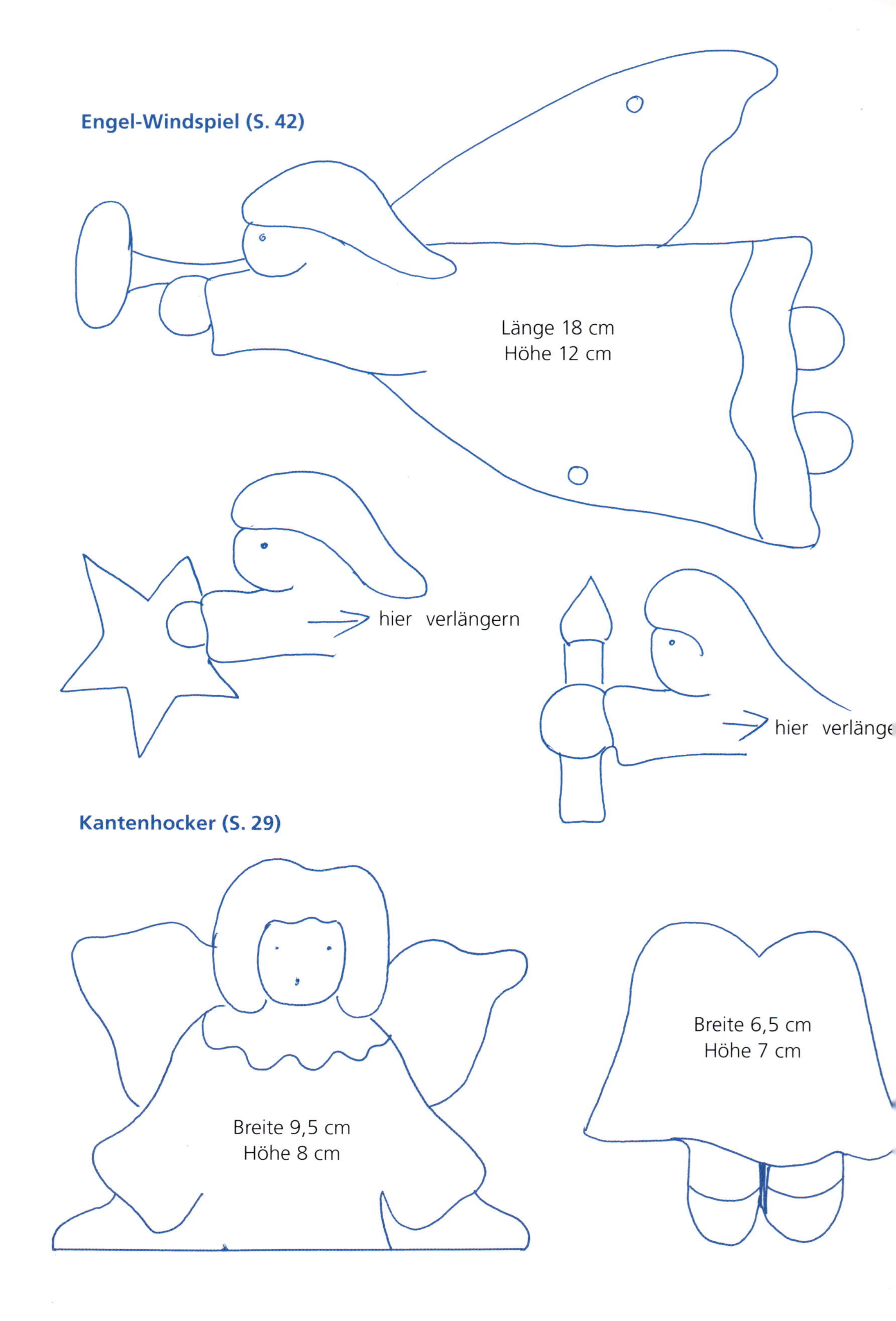

Kantenhocker (S. 29)

Breite 8,5 cm
Höhe 9 cm
Breite 7,5 cm
Höhe 6 cm
Breite 9,5 cm
Höhe 10,5 cm
Breite 8 cm
Höhe 7 cm

ISBN 3-8241-1143-8
Broschur, 64 Seiten

ISBN 3-8241-1155-1
Broschur, 64 Seiten

ISBN 3-8241-1117-9
Broschur, 64 Seiten

ISBN 3-8241-1068-7
Broschur, 64 Seiten

ISBN 3-8241-0979-4
Broschur, 64 Seiten

ISBN 3-8241-1091-1
Broschur, 64 Seiten

Lust auf Mehr?

Liebe Leserin, lieber Leser,
natürlich haben wir noch viele andere Bücher im Programm.
Gerne senden wir Ihnen unser Gesamtverzeichnis zu.
Auch auf Ihre Anregungen und Vorschläge sind wir gespannt.
Rufen Sie uns einfach an oder schreiben Sie uns.

Englisch Verlag GmbH
Postfach 2309 · 65013 Wiesbaden
Telefon 06 11/9 42 72-0 · Telefax 06 11/9 42 72 30
E-Mail info@englisch-verlag.de
Internet http://www.englisch-verlag.de